Richard Rohr

# *Warum katholisch?*

Herausgegeben von Joseph Martos
und Andreas Ebert

W0245092

Herder
Freiburg · Basel · Wien

Titel der Originalausgabe:
*Why be catholic?*
Understanding our own experience and tradition

St. Anthony Messenger Press, Cincinnati / Ohio
© Richard Rohr and Joseph Martos, 1989

Aus dem Amerikanischen übersetzt von
*P. Dr. Radbert Kohlhaas OSB*

Alle Rechte vorbehalten – Printed in Germany
© Verlag Herder Freiburg im Breisgau 1991
Herstellung: Clausen & Bosse, Leck
ISBN 3-451-22171-3

# Inhalt

# Vorwort

1985 hat der Franziskanerpater Richard Rohr im Saint Francis Renewal Center in Cincinnati, Ohio, vier Vorträge gehalten. Es ging um eine Frage, die in den letzten Jahrzehnten des zwanzigsten Jahrhunderts vielen Menschen immer mehr auf den Nägeln brennt: was es bedeutet, daß sie sich mit der christlichen Tradition identifizieren und welchen Sinn ihre Zugehörigkeit zur römisch-katholischen Kirche hat.

Im Gefolge des Zweiten Vatikanischen Konzils sind die Katholiken in den sechziger Jahren im Blick auf ihre Eigenart innerhalb der Gesamtchristenheit unsicher geworden und begannen, sich die Frage zu stellen, welchen Wert es hat, sich im Rahmen des institutionellen Katholizismus zu engagieren. Konservative Katholiken haben gefragt, ob die Kirche nicht allzu schnell viel zuviel aufgibt, und liberale Katholiken haben gefragt, warum die Kirche sich nicht schneller wandelt.

In den siebziger Jahren hat der Geist der Ökumene die scharfen Abgrenzungen zwischen Protestantismus und Katholizismus aufgeweicht. Das ökumenische Gespräch mit den „getrennten Brüdern" hat die Spannung entschärft, die seit der protestantischen Reformation zwischen den Kirchen bestanden hat, und die Verbitterung der vierhundertjährigen religiösen Rivalität überwunden. Aber der Geist der Ökumene hat auch auf beiden Seiten des Dialogs wohlmeinende Christen zu der Frage veranlaßt, ob die katholische Kirche wirklich so einzigartig sei, wie es einmal den Anschein gehabt hat.

Könnte es sein, daß der Katholizismus nur eine unter vielen gültigen Formen des Christseins ist und keinen Anspruch auf Überlegenheit oder eine Vorzugsstellung erheben kann?

Der Geist der Erneuerung in den ersten Jahren nach dem Konzil hat manches abgeschafft, was vordem als typisch katholisch gegolten hatte: die feststehende Tradition der lateinischen Messe und der Sakramente, Heiligenfiguren und Muttergottesandachten, Priesterkleidung und Ordensgewand, starres Festhalten am Kirchenrecht und einen unerschütterlichen Gehorsam dem Papst gegenüber, um nur ein paar Punkte zu nennen. Im Lauf der achtziger Jahre hat sich allerdings das Tempo der Umgestaltung verlangsamt, und diejenigen, in deren Augen viele herkömmlich katholische Frömmigkeitsformen überholt waren, sahen ihre Hoffnungen auf eine Erneuerung der Kirche schwinden. Könnte es sein, so fragten sie, daß der Katholizismus als Institution zu einer ehrlichen und gründlichen Dauerreform nicht in der Lage ist?

Sowohl auf der Rechten wie auch auf der Linken haben die Katholiken daher die Kirche und ihre eigene kirchliche Rolle mit Fragezeichen versehen. Richard Rohr hat als Leiter der New Jerusalem Gemeinde in Cincinnati diese Spannung sowohl in seiner Gemeinde wie auch im Erzbistum Cincinnati erlebt. Ich habe sie als Theologe und Dozent an der Xavier Universität sowohl in Hochschulkreisen wie auch in der Pfarrseelsorge kennengelernt. Kein Ort und keine Gruppe ist gegenüber der selbstkritischen innerkirchlichen ·Bestandsaufnahme immun.

Auf der äußersten Rechten wie auch auf der äußersten Linken hat sich bei einigen die Ansicht, die katholische Kirche sei nicht das, was sie eigentlich sein müßte, so verhärtet, daß sie sich von ihr getrennt haben. Einige meinten, sie könnten den „echten" Katholizismus nur durch Kirchenneugründungen bewahren. Andere haben es vorgezogen, zu behaupten, der römische Katholizismus habe die Verbindung zum „echten" Christentum verloren, und haben sich anderen Kirchen angeschlossen.

Zusammen mit Richard Rohr bin ich der Meinung, daß die Wahrheit in der breiten Mittelzone zu finden ist, in der man die Spannung am intensivsten spürt. Die Flucht in die Extreme dient nicht der gelebten Wahrheit. Es geht vielmehr darum, das katholische Erbe anzunehmen, und sich zugleich um die Veränderung der Institution Kirche von innen her zu bemühen. Wenn wir dem breiten Strom der Überlieferung vergangener Zeiten treu bleiben, dürfen wir hoffen, ihren künftigen Kurs mitbestimmen zu können.

Dem Publikum ist 1985 bei P. Richards Vorträgen aufgegangen, welch lohnende Herausforderung echter Katholizismus darstellt. Beim Abhören der Tonbandaufzeichnungen kam mir der Gedanke, P. Richards Auffassung verdiene weitere Verbreitung. Mit seinem Einverständnis und der Unterstützung durch die Saint Anthony Messenger Press habe ich die Herausgabe der Tonbänder in Buchform unternommen, die unser beider Auffassung von der Tradition zum Ausdruck bringt, zu der wir uns bekennen.

Ich hoffe, die Leser dieses Buches werden sich dadurch noch entschiedener der Herausforderung stellen, die darin liegt, tief in der Vergangenheit verwurzelt und zugleich mit der katholischen Kirche unterwegs zu sein ins einundzwanzigste Jahrhundert.

*Joseph Martos*
Allentown College

# Einleitung

Warum katholisch?
Diese Frage haben Katholiken noch vor einer Generation nie gestellt. Menschen, die überlegten, ob sie zum Katholizismus konvertieren sollten, mögen sie gestellt haben, Katholiken nicht. Wenn man von Geburt katholisch war, übernahm man einfach den Glauben, seine Überlieferungen und seine Inhalte.

Die Kirche hat denen unter uns, die als Katholiken geboren und erzogen wurden, ein starkes Identitätsgefühl gegeben. Der katholische Glaube hat uns gesagt, wer und was wir als Menschen, als Christen und sogar als Individuen sind. Wir sind von jener großen mütterlichen Institution, die als die Heilige Mutter Kirche hoch angesehen war, genährt und getragen worden.

Der Katholizismus war eine allumfassende Weltanschauung, ein komplettes Gedanken-, Empfindungs- und Verhaltenssystem. Das Katholisch-Sein abzulegen, wäre ebenso leicht gewesen, wie eine schwarze Hautfarbe abzulegen – mit anderen Worten: völlig unmöglich. Man konnte formell aus der Institution austreten, aber das änderte nichts an der Sichtweise, mit der man aufgrund seiner Bildung und Erziehung die Welt, Gott, die Religion und sich selbst betrachtete.

Heute unterscheidet sich die katholische Kirche sehr von dem, was sie noch vor einer Generation war. Das „aggiornamento" Papst Johannes' XXIII., jenes Programm, mit dem er die Kirche auf den „heutigen Stand" bringen wollte, ist weit besser gelungen, als man vermutet hätte. Das Zweite Vatikanische Konzil hat ein ökumenisches Zeitalter eingeläutet, das viele Schranken zwischen der katholischen Kirche und anderen christlichen Konfessionen niedergerissen hat.

Es ist gut, daß die Kirche offener geworden ist und daß sie andere bereitwilliger anerkennt. Aber einer Kirche ohne schützende Mauern fällt es auch schwerer, sich selbst zu definieren. Heute ist es gar nicht so leicht zu sagen, was den römischen Katholizismus von anderen Formen des Christentums unterscheidet.

Junge Katholiken von heute, die die vom Zweiten Vatikanischen Konzil angebotenen Veränderungen als „normal" betrachten, sind sich ihrer religiösen Identität bei weitem nicht so sicher, wie ihre Eltern es waren. Sie sehen keinen gravierenden Unterschied zwischen ihrer Kirche und den Kirchen, denen ihre Freunde angehören. Es kommt der Zeitpunkt in ihrem Leben – normalerweise beim Eintritt ins Erwachsenenalter –, an dem sie sich ernsthaft mit der Frage auseinandersetzen müssen: Warum überhaupt katholisch sein?

Auch ältere Katholiken von heute ertappen sich manchmal dabei, daß sie die Kirche hinterfragen. Aus vielerlei Gründen können sie sich zum Austritt und zum Übertritt in eine andere Kirche versucht fühlen. In ihrem Fall lautet die Frage dann eher: Warum katholisch bleiben?

Ganz gleich, wie sich die Frage stellt, sie verlangt eine Antwort.

Doch die Antwort auf diese Frage kann nicht einfach sein. Die katholische Kirche ist keine unbedeutende Institution. Der katholische Glaube ist kein System von Lehrsätzen, das man leicht aufsagen kann. Das katholische Erbe ist keine junge Tradition.

Um die Frage fair und redlich zu beantworten, müssen wir das Gute und das Schlechte zur Sprache bringen. Wir müssen Hochschätzung für das entwickeln, was am Katholizismus gut ist, aber wir müssen auch den Schwächen der Kirche ehrlich ins Auge sehen. Das erste und das zweite Kapitel sind diesen beiden Aufgaben gewidmet.

Um die Frage für amerikanische Katholiken zu beantworten, müssen wir untersuchen, was es heute heißt, in den Vereinigten Staaten katholisch zu sein. Wir müssen ein Gespür dafür entwickeln, wie man mit einem voll entwickelten Glauben in einer Gesellschaft leben kann, die unterwegs ist ins einundzwanzigste Jahrhundert. Das dritte Kapitel handelt vom Katholisch-Sein in den Vereinigten Staaten.[*]

Schließlich müssen wir, um die Frage persönlicher zu beantworten, fragen, welche Erwartungen wir im Blick auf unsere menschliche Entwicklung haben dürfen, wenn wir unseren katholischen Glauben ernst nehmen. Wir müssen aufmerksam das Leben derer betrachten, die persönliche Erfüllung darin gefunden haben, daß sie ihren Glauben in letzter Konsequenz gelebt haben. Das vierte Kapitel stellt Lebensbilder einiger hervorragender Katholiken dar, vor allem solcher, die wir als Heilige bezeichnen.

Selbst wenn wir uns auf vier verschiedenen Wegen einer Antwort auf unsere Frage nähern, ist damit der Gegenstand nicht erschöpfend behandelt. Katholisch sein ist mehr, als man in vier kurzen Kapiteln sagen

---

[*] Anmerkung des Verlages: Vieles von dem, was der Autor über das Verhältnis von Glaube und Gesellschaft in den USA entwickelt, trifft auch auf die Situation des wohlhabenden Westeuropa zu. Deshalb wurde dieses Kapitel auch in die vorliegende Übersetzung aufgenommen.

kann. Doch werden wir wenigstens einen ersten Schritt zur Beantwortung der Frage getan haben. Ist das geschehen, müssen wir, jede und jeder für sich, unsere eigenen Gründe hinzufügen, weshalb wir katholisch sind oder bleiben wollen.

# Erstes Kapitel

# Warum es großartig ist, katholisch zu sein

## Die Tradition

Die Antwort auf die Frage, die dieses Kapitel stellt, kann man mit diesem einen Wort geben: *wegen der Tradition*. Allerdings entgeht heute den meisten beim Hören dieses Wortes sehr viel von dem, was es eigentlich aussagt. Sie denken dabei eher an *überkommene Traditionen* als an die *Tradition*.

Traditionen sind im wesentlichen jene Verfahrensweisen, die wir Jahr für Jahr wiederholen. Einzelpersonen und Familien, Pfarreien und Schulen, Städte und Länder, sogar Firmen und andere Einrichtungen haben ihre eigenen Traditionen. Es kann in einer Familie üblich sein, zu jedem Weihnachtsfest bei der Oma zum Gänsebraten zusammenzukommen. Es kann in einer Firma üblich sein, den Gründungstag mit einem Gartenfest oder einem Betriebsausflug zu begehen.

Traditionen sind von Fall zu Fall verschieden und können sich ändern. Die katholische Kirche hat z. B. in ihren Gottesdiensten einst die griechische Sprache und später die lateinische benutzt. Neuerdings ist es Brauch, in der jeweiligen Muttersprache zu beten.

Im tieferen Wortsinn ist eine Tradition tiefgreifender und langlebiger als die eben erwähnten Traditionen. Das Wort stammt vom lateinischen Wort „tradere", das „weiterreichen" bedeutet. Sogar kurzlebige Traditionen reicht man von einem Jahr zum anderen weiter. Eine langlebige Tradition vererbt sich sogar von Jahrhundert zu Jahrhundert und prägt und bereichert jede neue Generation.

Eine Kultur ist eine Tradition in dieser tieferen Bedeutung. Kulturen können wir uns unter geographischen Gesichtspunkten vorstellen wie beispielsweise die europäische, nahöstliche oder südost-asiatische Kultur. Wir können uns Kulturen auch unter nationalen Gesichtspunkten vorstellen wie beispielsweise die spanische oder deutsche oder japanische. Schließlich können wir unsere Aufmerksamkeit auf einen bestimmten Lebensaspekt richten und von traditioneller Religion, Politik oder Technologie sprechen.

Der Katholizismus ist eine Tradition in dieser tieferen, kulturellen Bedeutung. Er ist eine umfassende Weise, über das Leben, über Gott und über sich selbst zu denken und zu fühlen, und zugleich eine bestimmte Art, sich Menschen und Situationen gegenüber zu verhalten. Davon abgesehen ist der katholische Glaube aber Teil einer noch umfassenderen und älteren Tradition – der jüdisch-christlichen Tradition, die ihrerseits stark von der westeuropäischen Kultur beeinflußt ist.

Der Katholizismus ist eine religiöse Tradition mit kulturellen Elementen aus Morgenland und Abendland. Haben Judentum und Urchristentum ihre Anfänge auch im Nahen Osten, so ist die Kirche doch seit der Bekehrung des Römerreiches im vierten Jahrhundert und der im siebten Jahrhundert beginnenden Evangelisierung Europas in erster Linie westlich geprägt.

Unsere Tradition gleicht einem großen Baum mit morgenländischen Wurzeln, der in abendländischen Boden verpflanzt und mit europäischen Nährstoffen gedüngt worden ist. Als eine Tradition *östlicher* Herkunft ist das Christentum eine Weisheitstradition. Es ist eine Lebensform, eine Praxis, die unsere Beziehung zu Gott und zu anderen in einer Art und Weise gestaltet, wie sie die Weisheit der Antike verkörpert. Es ist eine geistliche Tradition menschlichen Wachsens und zwischenmenschlicher Beziehungen, deren großartigster Ausdruck die Bibel ist. Sowohl im Alten wie auch im Neuen Testament geht es in erster Linie darum, wie die Menschen in ihrem Verhältnis zu Gott und zueinander leben sollten, damit sie echte Erfüllung und höchstes Glück finden.

Als *westliche* Tradition ist das Christentum eine Tradition der Praxis. Der Genius des Römerreiches war seine pragmatische Begabung für die Regierung und Befriedung vieler völlig unterschiedlicher Gruppen. Der Katholizismus hat dieses Organisationstalent geerbt und eingesetzt, um Europa zu evangelisieren und die mittelalterliche Kirche zu regieren. Er hat es fertiggebracht, die Weisheit der Heiligen Schrift zu bewahren und zugleich den Glauben in der westlichen Welt zu etablieren.

Jeder Gärtner weiß, daß richtige Düngung das Wachstum eines Baumes fördern und seine Fruchtbarkeit steigern und daß ein Übermaß an Dünger den Wurzeln schaden und die Fruchtbarkeit mindern kann. Leider hat die Einwirkung der westlichen Kultur auf das Christentum unsere religiösen Wurzeln beschädigt.

Sowohl der Katholizismus wie auch der Protestantismus – der im sechzehnten Jahrhundert aus dem Katholizismus entstanden ist – leiden an den Folgen der Schädigung unserer östlichen Wurzeln. Aus der Vergeßlichkeit unserem jüdischen Erbe gegenüber ist die Judenfeindschaft der Christen entstanden. An unserer Mißachtung der Weisheitslehre der Heiligen Schrift, besonders der Lehren der Propheten und des Evangeliums, liegt die europäische Anfälligkeit für den Krieg. An unserer Gleichgültigkeit der Lehre Jesu und dem Beispiel der ersten Christen gegenüber liegt die Toleranz, mit der der Westen die Jagd nach Reichtum hinnimmt.

In unserer Tradition stellt der Pragmatismus des Westens die Spiritualität des Ostens oft in den Schatten. Geistig ist der Westen nach außen gerichtet. Er freut sich an Entdeckungen und Erfindungen. Die moderne Naturwissenschaft und Technik sind Errungenschaften des westlichen Denkens. Das Denken des Ostens hingegen ist nach innen gerichtet, auf das Herz und die Seele des Menschen. Es beschäftigt sich lieber mit der inneren Welt des Geistes, in der Gefühle, Werte und Einstellungen ihren Platz haben. Sowohl das protestantische wie auch das katholische Christentum des Westens sind von jeher überwiegend funktional und institutionell und nicht so sehr geistlich und personal.

Der Katholizismus hat in seinen besten Zeiten die Spiritualität des Ostens mit der praktischen Ausrichtung des Westens verbunden und ist so groß und fruchtbar geworden. Er hat in seinen Heiligen geistliche Giganten hervorgebracht, in seinen großen Theologen Geistesriesen und in vielen seiner Bischöfe und Päpste überragende Regierungstalente. Er hat jeweils zu den Zeiten, da die Welt sie am dringendsten brauchte, große Bewegungen wie das Mönchtum, die Scholastik und die Orden entstehen lassen. Er ist schon immer eine dynamische Tradition aus angewandter Spiritualität und in die Praxis umgesetzter Weisheit.

In seinen schlechtesten Zeiten hat der Katholizismus die Synthese zwischen östlichem und westlichem Denken nicht beibehalten. Wenn das Gleichgewicht gestört wurde, hat er sich meistens dem westlichen Pragmatismus zugeneigt. Er ist dann eng und legalistisch, autoritär und gebieterisch, unpersönlich und utilitaristisch geworden. Bisweilen war er eine in institutionellem Funktionalismus erstarrte Tradition.

Wir können die katholische Tradition nicht in ihrem ganzen Umfang verstehen, ohne uns sowohl ihre Erfolge wie auch ihre Mißerfolge, ihre Größe wie auch ihre Schwäche genau anzuschauen. Im zweiten Kapitel werden wir uns ehrlich der Schattenseite des Katholizismus zuwenden. Jetzt aber wollen wir uns eingehend mit der Lichtseite unserer Tradition befassen.

## Die positive Bewertung der Schöpfung

Der Katholizismus ist von jeher dafür offen gewesen, daß die Welt und alles, was Gott geschaffen hat, gut sind. Hilaire Belloc behauptet in einem Gedicht:

Wo immer katholisch der Sonnenschein,
fehlt's nie an Frohsinn und gut-rotem Wein.
Ich zumindest fand es so:
Benedicamus Domino!

Die lateinische Schlußzeile – „Laßt uns preisen den Herrn!" – bringt die Dankbarkeit für die guten Dinge des Lebens und den Dank an den Schöpfer und Herrn zum Ausdruck. Auf seine Weise wiederholt dieses Gedicht, was die Bibel vom sechsten Schöpfungstag sagt: „Gott sah alles an, was er gemacht hatte, und er fand es sehr gut" (Gen 1,31).

Im Grunde hat die katholische Tradition etwas mit der Güte der Welt und der Lebensfreude zu tun. Sie fordert uns auf, zu jubeln und die großen und kleinen Freuden zu genießen, die uns von Gott her durch die Schöpfung erreichen. Sie hat wenig gemein mit der puritanischen Ansicht, Vergnügen sei sündhaft, und Schönheit sei eine teuflische Versuchung.

Doch wenn wir ehrlich sind, müssen wir zugeben, daß der Puritanismus die katholische Sicht manchmal infiziert hat. Die Protestanten haben der katholischen Kirche im sechzehnten Jahrhundert Korruption und Verweltlichung vorgeworfen, und die Katholiken haben daraufhin im Gegenzug versucht, die Puritaner an Sittenstrenge, besonders auf dem Gebiet der Geschlechtlichkeit, zu übertreffen. Manchmal sind wir in unserer Haltung zum Sex und anderen leiblichen Freuden eher puritanisch als katholisch gewesen.

Von Zeit zu Zeit sind Christen aufgetreten, die nicht an eine in jeder Hinsicht gute Schöpfung geglaubt haben. Die Gnostiker der Frühzeit und andere „superspirituelle" Gruppierungen waren der Ansicht, die materielle Welt sei böse; aber in den Augen der großen Mehrzahl der Christen waren sie Häretiker. Im Mittelalter hielten einige Mönche den ehelichen Verkehr für sündhaft, aber die Kirche hat daraufhin die sakramentale Würde der Ehe unterstrichen. Ein paar Jahrhunderte später haben katholische Puritaner – bekannt unter dem Namen „Jansenisten" – jede Weltlichkeit und Sinnenlust verdammt, aber das kirchliche Lehramt hat ihre Lehre verworfen.

Diejenigen unter uns, die nordeuropäische Vorfahren haben – besonders irische und deutsche –, haben diese negative, jansenistische Einstellung jedenfalls geerbt. Priester und Ordensschwestern haben geschlechtliche Fehltritte oft als die schlimmstmöglichen Sünden hingestellt. Als Amerikaner haben auch wir von unseren protestantischen Nachbarn ein gut Teil Puritanismus angenommen. Unsere eingewanderten Großeltern wollten nicht weniger sittenstreng erscheinen als die Menschen ihrer Umgebung!

Die ältere katholische Tradition hingegen hat ihre Wurzeln im Mittelmeerraum. Bewohner Palästinas und Griechenlands, Italiener und Franzosen, Spanier und Portugiesen haben sich mit ihrer Leiblichkeit immer wohler gefühlt als die Nordeuropäer. Die Bauern und die kleinen Leute in den meisten „katholischen Ländern" haben die guten Dinge, die die Natur zu bieten hat, immer geschätzt. Speise und Trank, Sex und Kinder sind die einfachen, aber elementarsten Freuden, die das Leben uns bescheren kann. Sie sind schließlich Gaben Gottes.

Deshalb ist der Katholizismus letztlich sakramental. Ein Sakrament ist ein Zeichen für die Güte Gottes uns gegenüber. Die katholische Weisheit sagt, daß die Welt und alles, was sie enthält, Gabe Gottes und Zeichen Gottes sind. Die sieben Sakramente, die wir kirchlich feiern, verwenden Wasser und Öl, Brot und Wein und die Handauflegung als Zeichen der göttlichen Huld. Die Katholiken sehen Gott aus der ganzen Schöpfung aufleuchten, und deshalb bedient sich die Kirche bei ihren wichtigsten Riten der Gaben der Schöpfung.

Man kann das auch so sagen, daß für den Katholizismus und für die noch ältere jüdisch-christliche Tradition das Fleisch den Geist vermittelt. Der Leib ist das Medium, mittels dessen der Mensch sich psychisch, geistig und geistlich entfaltet. Die Dingwelt ist ein Kanal für die Gnade Gottes, denn durch die guten Dinge dieser Welt erfahren wir, wie gut Gott ist. Wir können sogar sagen, die Schöpfung sei das kosmische Medium, durch das sich der künstlerische Geist Gottes offenbart. Sie ist die Leinwand, auf die Gott malt, damit wir mit dem Herzen die göttliche Schönheit wahrnehmen, die wir mit den Augen nicht sehen können.

Man kann das auch so ausdrücken, daß die katholische Theologie eine Inkarnations-Theologie ist. Wenn wir Inkarnation hören, denken wir gleich an Jesus, das fleischgewordene Wort Gottes. Wir nehmen die Menschwerdung viel ernster als diejenigen, die denken, Jesus sei in seinem Inneren Gott und nach außen hin

Mensch gewesen – eine Art von übernatürlichem Clark Kent, der aussah wie ein Mensch, aber unter der Oberfläche ein allmächtiges Wesen war. Die katholische Auffassung von der Menschwerdung besagt seit den frühesten Konzilien der Kirche, daß Jesus sowohl ganz Mensch wie auch ganz Gott war – nicht 50 % Gott und 50 % Mensch, sondern sowohl 100 % Mensch als auch 100 % Gott.

Wenn Jesus Gottes Menschwerdung ist, ist Jesus auch Gottes Offenbarung. In Jesus wird Gottes Geheimnis so offenbart, daß wir es sehen, wenn auch nicht restlos begreifen können. Im Leben Jesu bekundet sich Gottes Gnadenleben. In Jesu Worten teilt Gott sich uns so mit, daß wir es hören können. In Jesu Taten wird Gottes Wirken in der Welt offenbar. In Jesu Liebe zeigt Gott uns, was göttliche Liebe wirklich ist. In Jesu Tod und Auferstehung offenbart Gott uns das Geheimnis unserer vollendeten Erlösung.

Da Jesus die vollendete Offenbarung Gottes ist, ist Jesus Gottes Ursakrament. Er ist das großartigste Zeichen der Liebe, der Gegenwart und des Wirkens Gottes in der Welt. Das Sakrament-Sein Jesu hat aber mit der Himmelfahrt nicht aufgehört. Es besteht in der Kirche fort, die seit den Tagen des heiligen Paulus Leib Christi heißt. Die Kirche als das ganze Gottesvolk mit Christus als Haupt läßt die Gegenwart Gottes in der Schöpfung „Fleisch werden", ähnlich wie Jesus es selbst persönlich getan hat. Die Kirche ist ihrem Wesen nach ein Sakrament Gottes in der Welt.

Deshalb betont die katholische Kirche die Sakramente so sehr. Wir glauben, daß die Menschen heute ebenso, wie Menschen vor zweitausend Jahren mit Gott in Berührung gekommen sind, wenn sie sich von Jesus berühren ließen, mit Gott in Berührung kommen, wenn sie von Wasser, Öl oder Menschenhand berührt werden. Wir haben etwas so Einfaches und Elementares wie ein Mahl von Brot und Wein in die Mitte unseres Gottesdienstes gestellt. Die Eucharistie ist eine katholische Weise, auszudrücken, daß der Weg zu Gott nicht in erster Linie über die private Meditation führt, sondern über ein Mahl, das man miteinander teilt. Unser Gottesdienst ist nicht in erster Linie verbal und intellektuell, sondern dinglich und beziehungsstiftend. Die Liturgie ist eine Gemeinschaftsfeier mit Bodenkontakt – in ihr teilen wir miteinander das Leben Christi.

Die protestantischen Kirchen hingegen neigen dazu, den Akzent auf die Bibel zu setzen. Sie haben den Altartisch aus der Mitte des christlichen Gottesdienstes entfernt und ihn durch die Kanzel ersetzt. Die Verkündigung der Heiligen Schrift ist wichtig, aber sie führt zu einer Gottesdienstform, die mehr verbal als sakramental ist.

Ebenfalls im Gegensatz zu uns neigen östliche Religionen wie der Hinduismus und der Buddhismus dazu, den Akzent auf die Meditation zu legen. Sie nehmen dem Gottesdienst den Gemeinschaftscharakter und machen ihn zur Privatsache. Das persönliche Gebet ist wichtig, aber die Meditation führt von sich aus zu einer Form von Religion, die eher privat als gemeinschaftlich, eher intellektuell als inkarnatorisch ist.

Die katholische Tradition, die sich sowohl in ihrer Theologie wie auch in ihrem Gottesdienst spiegelt, lebt aus der Inkarnation und aus dem Sakrament. Sie nimmt die Welt ernst und ermutigt uns, Gott in der Welt zu finden. Sie nimmt menschliches Handeln ernst und hält uns an, es in der Welt Jesus gleichzutun. Die Kirche hat beharrlich soziale Gerechtigkeit gelehrt, denn sie glaubt, daß man über Gottes Gerechtigkeit nicht bloß reden darf, sondern sie im Alltag der Welt Gestalt werden lassen muß.

Die positive Einstellung des Katholizismus zur Schöpfung können wir auch im Bereich der christlichen Kunst sehen. Mosaiken und Bildhauerarbeiten religiösen Inhalts stammen schon aus der Römerzeit. Im Mittelalter haben die Christen ihren Glauben in ragenden gotischen Domen und leuchtenden Buntglasfenstern zum Ausdruck gebracht. Die Renaissance – die in Italien ihren Anfang nahm – hat der kirchlichen Kunst und Architektur – wie etwa im Petersdom in Rom – eine neue Dimension von großartiger Pracht verliehen. Auch sollten wir nicht vergessen, daß die moderne Musik sich aus dem gregorianischen Choral entwickelt und daß das moderne Theater mit mittelalterlichen Mysterienspielen begonnen hat. Katholische Weisheit weiß das Gute nicht nur in Gottes Schöpfung, sondern auch in der schöpferischen Tätigkeit des Menschen zu schätzen.

## Ein allumfassendes Weltbild

Die eigentliche Bedeutung des Wortes katholisch ist „allumfassend – allgemein". Zum erstenmal hat man die Kirche im Altertum katholisch genannt, als das Christentum sich im ganzen römischen Weltreich ausgebreitet hatte. Das erste allgemeine Konzil ist im Jahre 325 zusammengetreten, und auf ähnlichen Konzilien haben die Bischöfe der Welt das katholische Glaubensbekenntnis der Kirche formuliert. Die Zusammenfassung dieses weltweiten Glaubensbekenntnisses ist das nizänische Credo – benannt nach dem Konzil von Nizäa –, das wir jeden Sonntag in der Messe sprechen.

Die katholische Kirche bekennt immer noch einen weltweiten Glauben, und das Weltbild der Kirche ist immer noch allumfassend. Schon ein kurzer Blick auf die Weltreisen Papst Johannes Paul II. zeigt uns das. Wir sehen ihn, wie er zur Begrüßung winkt, wenn Nord-, Mittel- und Südamerikaner, Europäer, Asiaten und Afrikaner ihn willkommen heißen. Wir hören ihn viele Sprachen sprechen, aber seine Botschaft ist immer der allumfassende Glaube der Kirche. Das Weltbild des Papstes reicht über die Staatsgrenzen hinaus und ist auf die Einheit aller Menschen in Christus gerichtet.

Die katholische Kirche ist keine Nationalkirche. Sie ist wie die Vereinten Nationen eine der wenigen wirklich internationalen Institutionen in der Welt von heute. Wie das Rote Kreuz räumt sie den Nöten der Menschen den Vorrang vor Nationalität oder politischer Ideologie ein. Zumal in den Ländern der Dritten Welt befindet sich die Kirche wie niemand sonst in der Lage, zwischen der politischen Linken und der Rechten zu vermitteln. Weil sie nicht Privatbesitz eines bestimmten Landes ist, konnte die Kirche etwa im Parteienstreit zwischen Anhängern des Kapitalismus und des Sozialismus einen Standpunkt vertreten, der über das ideologische Entweder – Oder hinausgeht.

Die katholische Kirche ist auch kulturell gesehen eine pluralistische Kirche. Im Lauf der Geschichte hat der Katholizismus in der antiken Kultur des Nahen Ostens, in der mediterranen Kultur des Römerreiches, in der mittelalterlichen Kultur des Abendlandes und der zeitgenössischen Kultur Europas und Amerikas geblüht. Heute ist der Katholizismus nicht einfach europäisch oder amerikanisch, sondern auch lateinamerikanisch, afrikanisch und asiatisch. Wohin man auch reist, überall kann man katholische Brüder und Schwestern treffen, die ihren Glauben an Christus mit den Ausdrucksweisen ihrer je eigenen Kultur feiern. Menschen aller Rassen und Kulturen halten sich an den katholischen Glauben und werden zugleich von der allumfassenden Kirche zusammengehalten.

Weil die Kirche allumfassend ist, ruft sie uns zu einer allumfassenden Weltsicht auf. Da die Welt von Jahr zu Jahr kleiner wird, müssen wir jede und jeden auf ihr als unseren Nachbarn ansehen. Wir merken allmählich, daß wir kulturell, politisch und wirtschaftlich nicht so tun können, als drehe sich die Welt um die Vereinigten Staaten. Die Kirche weiß schon lange, daß der Blick der Regierungen weiter reichen muß als ihre Sonderinteressen, wenn sie die Not der Ärmsten in der Welt lindern wollen. Unser Glaube hat weitreichendere Konsequenzen, als den meisten von uns lieb ist: Er ist eine Herausforderung an unsere Enge und eine Vorbereitung für die Übernahme weltweiter Verantwortung.

Die Hirtenschreiben der Bischöfe der Vereinigten Staaten *„Der Friede – eine Herausforderung* und *Soziale Gerechtigkeit für alle"*, spiegeln diese weltweite Sicht wie auch Papst Johannes Pauls II. Enzyklika zur sozialen Frage. Die Bischöfe und der Papst erinnern uns daran, daß man den Frieden Christi nicht mit Waffengewalt erzwingen und die Gerechtigkeit des Gottesreiches weder durch den Kommunismus noch durch den Kapitalismus herstellen kann. Der Friede Christi besagt Eintracht, nicht Spannung, und Gottes Gerechtigkeit besagt Zusammenarbeit, nicht Konkurrenzkampf.

Zu viele Katholiken haben heute dieses umfassende Weltbild nicht, weshalb ihr Glaube denn auch nicht wahrhaft katholisch ist. Sie haben eine engstirnige, provinzielle Sicht anstatt einer echt katholischen Weltsicht. Sie begreifen nicht, daß man als Katholik in erster Linie Christ und in zweiter Linie Amerikaner oder Deutscher ist. Sie geben der Aufforderung des Evangeliums nicht den Vorrang vor den Forderungen des Nationalismus. Sie verfallen dem Götzendienst, den die

Propheten verurteilt haben und den Jesus verworfen hat.

Da sie ihrem Weltbild nach nicht wirklich katholisch sind, verraten diese Katholiken ihren angestammten Glauben. Sie sind schuld, daß der Katholizismus sich im Erscheinungbild nicht von national geprägten Kirchen gleich welcher Art unterscheidet. Außerdem verrennen sie sich in ihre Sonderinteressen und geben die Freiheit auf, selbstlos und ohne Hintergedanken zu urteilen.

Katholiken müßten in der Lage sein, politische und wirtschaftliche Fragen mit einem weiteren Horizont zu beurteilen, der über historische und nationale Grenzen hinwegreicht. Katholischer Glaubensgeist ist über kleinkarierte Kirchtumpolitik erhaben.

Wenn wir wirklich katholisch sind, müssen wir die Welt und all ihre Bewohner und Bewohnerinnen von der Warte Gottes aus sehen und nicht aus einer ich-bezogenen Perspektive. Das katholische Weltbild ist identisch mit Gottes Sorge um die gesamte Menschheitsfamilie.

## Eine ganzheitliche Sicht

Der weite Horizont des Katholizismus führt folgerichtig zu einer ganzheitlichen Sicht der Wirklichkeit. Katholische Denker betrachten das Leben unter vielen verschiedenen Aspekten und versuchen, die Einheit zu sehen, die sie alle miteinander verbindet. Kein Mensch kann das All gleichzeitig aus jedem nur möglichen Blickwinkel betrachten. Nur Gottes Allwissenheit umfaßt die ganze Wirklichkeit in einem einzigen allumfassenden Blick. Katholischem Geist gemäß stellen Philosophen und Theologen ihre Untersuchungen aber unter

verschiedenen Gesichtspunkten an, um zu einer Ganz-
heitsauffassung zu gelangen.

Diese katholische Auffassung vom Seinszusammen-
hang alles Wirklichen ist die Grundlage dessen, was wir
Theologie nennen, oder der Versuch, die Zusammenhänge zwischen unserem christlichen Glauben und den
Erkenntnissen festzustellen, die die exakte Wissenschaft oder unsere eigene Erfahrung uns liefern können.
Nach der Philosophie, die in vorchristliche Zeiten zurückreicht, ist die Theologie die älteste Geisteswissen-
schaft der Welt. Schon ganz früh hat man die Theologie
als „Glauben, der Einsicht sucht", definiert. Das katholische Ideal besagt, daß man Gott vertraut, die Offenbarung der Heiligen Schrift glaubt und die Lehren der Kirche akzeptiert, während man die Regeln der Vernunft
und der Logik beachtet und die Forschung und die Ver-
standeserkenntnis fördert.

Als wilde Völkerstämme über Europa hinwegfegten
und den Zusammenbruch des römischen Weltreiches
herbeiführten, haben Mönche brüchige Handschriften
sorgfältig abgeschrieben, so daß das Wissen der Antike
nicht verlorenging. Im Mittelalter haben christliche
Gelehrte Schulen gegründet, aus denen dann die großen
Universitäten Europas entstanden sind. Trotz der Ver-
bohrtheit kirchlicher Amtsträger, die Galilei verurteilt
haben, weil er behauptet hatte, die Sonne kreise nicht
um die Erde, ist die moderne Naturwissenschaft aus
dem Eifer erwachsen, mit dem Christen sich um das
Verständnis des von Gott geschaffenen Universums
bemüht haben.

Der heilige Augustinus hat versucht, die ganze
Geschichte vom katholischen Glauben her zu verstehen. Der heilige Thomas von Aquin hat die ganze Wissenschaft des Mittelalters studiert, bevor der seine
großartige *Summa Theologica*, ein vierbändiges „Kom-

pendium" der Theologie, schrieb. Andere katholische
Gelehrte haben sich um Medizin, Rechtswissenschaft,
Astronomie und Biologie verdient gemacht. Katholiken sind der Ansicht, daß sie, wenn sie fest auf dem
Boden ihres Glaubens stehen, keine Angst vor wissen-
schaftlichen Erkenntnissen zu haben brauchen. Teilhard de Chardin hat die Evolutionslehre in sein christliches Kosmosverständnis integriert.

Diese kosmische Sicht nähert sich mitunter einem
intuitiven Blick der Mystik, der die ganze Schöpfung
durch das heilige Walten Gottes geordnet sieht. Der heilige Thomas hatte gegen Ende seiner theologischen
Lehrtätigkeit ein mystisches Erlebnis, und viele Schriften Teilhards haben einen Hauch von Mystik. Heilige,
die in den Augen der Kirche große Mystiker gewesen
sind, wie Teresa von Avila und Johannes vom Kreuz,
haben es erlebnishaft erfahren, wie der Ablauf des gesamten menschlichen Lebens in Gottes Plan für das All
eingebettet ist. Auf ihre Art haben sie, indem sie die
Zusammenhänge zwischen der natürlichen und der
übernatürlichen Ordnung betrachtet haben, Ökologie
betrieben, lange bevor das Wort Ökologie in Mode kam.

Wäre die katholische Christenheit rein östlich geblieben, so wäre sie vielleicht rein mystisch geblieben.
Das östliche Christentum der orthodoxen Kirchen
besitzt ein starkes mystisches Fluidum. Unter dem Einfluß der westlichen Kultur hat das katholische Denken
jedoch auch ein wissenschaftliches und praktisches
Gepräge erhalten. Es stellt gern Fragen, stellt Theorien
auf, betreibt Forschungen und setzt Ideen in die Tat um.
Katholische Theologen bedienen sich der Philologie
und der Archäologie, um die Bibel zu ergründen; sie
verwenden Mühe auf historische und anthropologische
Studien, um zum Verständnis der menschlichen Natur
zu gelangen; sie machen sich Psychologie und Soziolo-

gie zunutze, um das menschliche Verhalten zu verstehen, und sie übernehmen Gedankengut aus Wirtschaftswissenschaft und Politik, um die moderne Welt zu begreifen, von der die Kirche sich umgeben sieht. Katholische Naturwissenschaftler glauben nicht, daß es letztlich Widersprüche zwischen den Entdeckungen von Physik, Chemie und Biologie einerseits und der göttlichen Offenbarung anderseits gibt. Katholische Pädagogen machen sich im Religionsunterricht auch die Methoden der weltlichen Pädagogik zu eigen. Und katholische Verwaltungsfachleute scheuen sich nicht, bei der modernen Betriebswirtschaft Anleihen zu machen, um mit Hilfe ihrer Verfahren kirchliche Einrichtungen zu leiten. Die katholische Einstellung zum Leben ist auf allen Ebenen ganzheitlich und integrativ.

Diese Offenheit für alle menschliche Erkenntnis schlechthin trifft heute nicht für alle Christen zu. Einige Fundamentalisten verschließen ihre Augen vor den Sachverhalten, die für die Evolutionslehre sprechen, und behaupten, sie verstoße gegen den Schöpfungsbericht des Buches Genesis. Andere Protestanten bestehen so sehr auf der Wahrheit der Bibel, daß sie kaum etwas übrig haben für das, was menschliche Wissenschaften uns lehren können. Einige Pfingstler legen so großen Wert auf die persönliche religiöse Erfahrung – wie z. B. die Erfahrung des „Wiedergeboren"-Seins –, daß ihnen christliche Sozialverantwortung nicht in den Sinn kommt. Und dann gibt es in allen Konfessionen Menschen, die in moralischen Bereichen einen legalistischen und rigorosen Standpunkt vertreten.

Katholiken sind natürlich gegen diese kurzsichtigen Haltungen nicht gefeit. Wenn sie die ganzheitliche Sicht der katholischen Lehre vergessen oder sich nie zu eigen gemacht haben, können sie ebenso fundamentalistisch, engstirnig und gesetzlich sein wie andere Christen.

Doch Katholiken, die ihren Glauben in seiner Weite kennen und schätzen, besitzen eine bewundernswerte Fähigkeit, alles aufeinander zu beziehen und die zugrundeliegende Einheit zu erkennen. Denn die katholische Weisheit im weiteren Sinne besagt, daß alle Wahrheit von Gott kommt, ob sie nun offenbart oder entdeckt ist.

## Ein Angebot: Persönliche Heiligkeit

Die ganzheitliche Sicht, von der gerade die Rede war, ist nicht nur intellektuell und theoretisch, sondern auch personal und praktisch. Nach Lehre der Kirchenväter sollte das persönliche Leben eines Menschen auf der ganzen Linie so reich erfüllt sein, wie es in Gottes Absicht lag. Gott hat uns erschaffen, damit wir glücklich werden (biblisch gesprochen „im Himmelreich leben") und unser spirituelles Potential voll verwirklichten, wie man heute sagt.

Der Kirche war es immer um Heiligkeit zu tun. Es hat Zeiten gegeben, in denen Heiligkeit für die Menschen gleichbedeutend war mit der Entwicklung zu einem unnahbaren und weltfremden Säulenheiligen aus Gips. Heute begreifen wir, daß Heiligkeit Ganzheit ist, daß echte Heiligkeit in der Erfüllung der heiligen Aufgabe besteht, die Gott uns anvertraut hat: ganz so zu werden, wie Gott uns haben will. Bei unserer Geburt ist in unserem Leben bereits alles angelegt. Diese Anlage in die Wirklichkeit umzusetzen, ist unsere eigentliche Lebensaufgabe. Die Anlage voll zu entfalten, zumal in ihrer geistlichen Dimension, heißt wahrhaft „heil" oder „heilig" werden. Die Worte „heil" und „heilig" haben dieselbe Wurzel.

Die Meister des geistlichen Lebens in der katholischen Kirche haben nie behauptet, man müsse als Mönch oder Nonne in die Abgeschiedenheit des Klosters gehen, um heilig zu werden. Früher hat man im katholischen Bereich Mönche, Nonnen und Priester als Ideale hingestellt, nicht zuletzt, weil die Gesellschaft im Mittelalter in ihnen die Gebildeten gesehen hat. Ihnen war es vergönnt, zu lesen und zu lernen, über die Heilige Schrift zu meditieren und zu beten – und das zu einer Zeit, da man sich noch ohne die Errungenschaften der modernen Naturwissenschaft und Technik für seinen Lebensunterhalt abrackern mußte.

Doch entdecken wir bei einem näheren Blick auf den Heiligenkalender der Kirche, daß Fischer und Bauern, Ehemänner und Ehefrauen, Arme und Reiche, Soldaten und Gelehrte und sogar Könige und Königinnen zur Ehre der Altäre gelangt sind. Jede und jeder ist dazu bestimmt, das Ziel der völligen Entfaltung seines Potentials zu erreichen, wirklich heil und heilig zu werden, ohne Rücksicht auf Beruf oder Stand.

Einige der großartigsten Beispiele für diese ganzheitliche Erfüllung bieten die Mystiker. Die heilige Teresa von Ávila war die emanzipierteste Frau ihrer Zeit. Sie hat im 16. Jahrhundert ganz Spanien bereist und das klösterliche Leben reformiert, wobei die tägliche Meditation und das Gespräch mit Gott im Gebet ihre Kraftquellen waren. Der heilige Franziskus von Assisi hat durch seine innere Freiheit und seine schlichte Erscheinung eine solche Anziehung auf andere ausgeübt, daß schon zu seinen Lebzeiten Tausende von Männern und Frauen die franziskanische Lebensform übernommen haben. Heilige und Mystiker beziehen dem Leben gegenüber eine erfrischend ganzheitliche Haltung. Sie sehen sich selbst so, wie sie sind, und bitten Gott, aus ihnen all das zu machen, was sie sein können.

Diese ganzheitliche Spiritualität lohnt sich, aber sie hat ihren Preis. Katholische Heiligkeit ist keine Jesus-und-ich-Sache. Es genügt nicht, sonntags zur Kirche zu gehen, sonst aber sein Leben zu belassen, wie es schon immer war. Echte Heiligkeit setzt die Bekehrung des ganzen Menschen, die Umwandlung der ganzen Persönlichkeit, voraus. Und sie erfordert, daß man seinen Lebensstil ändert, ganz gleich, wo man wohnt und wie man sein Brot verdient.

Jeder strebt heutzutage nach Glück. Die Menschen suchen es in Reichtum, Macht und Erfolg, und wenn diese ihnen nicht das wahre Glück bringen können, sehen sie sich anderweitig danach um. Einige haben sogar die Vorzüge der Meditation entdeckt, doch manchmal führt weltliche Meditation eher zum Rückzug aus dem Leben als dazu, sich dem Leben ganz zu stellen. Die Weisheit der katholischen Tradition besagt, daß man sowohl die Tätigkeit in der Welt als auch die Verbindung zu Gott braucht, um das Leben auf der ganzen Linie mit Sinn und Kraft zu erfüllen.

Nach katholischer Auffassung steht am Anfang der menschlichen Entwicklung die Bekehrung, sie besagt aber auch, daß Bekehrung ein fortwährender Prozeß ist. Das Christenleben ist ein Prozeß ständiger Bekehrung und ständiger Entwicklung zu einer immer größeren persönlichen Christusähnlichkeit. Einen exakt fixierbaren Augenblick, in dem ein Katholik, wie einige evangelikale Protestanten es tun, von sich behaupten könnte, „gerettet" zu sein, gibt es nicht. Die Lebensgeschichten der Heiligen zeigen, daß sie ständig nach Heiligkeit gestrebt haben. Sogar die unter dem Namen „Kreuzweg" bekannte katholische Andachtsform legt nahe, daß das Christenleben ein Entwicklungsprozeß, eine Reise mit verschiedenen Etappen ist, die uns in ihrem Verlauf mit allerlei Bewährungsproben, Stolpersteinen und Charaktertypen konfrontiert. Wer treu und redlich durchhält, geht tiefer in das Leben Christi ein.

Zum Glück hängen unser Heil und unsere Seligkeit nicht einzig von uns ab. Gott ist mit uns und tut in seiner Liebe den ersten Schritt, indem er uns das Heil anbietet und uns zur Heiligkeit ruft. Das besagt das Wort Gnade. Die Gnade ist Gottes Einladung und Macht, die nach unserem Herzen greift. Doch wir müssen uns Gott öffnen, um vom Geist erfüllt zu werden. Wir müssen uns auf das Angebot der Gnade einlassen, damit wir ein von Gnade erfülltes Leben führen können.

Seltsamerweise ist unser Mitwirken nicht so sehr ein „Tun" als vielmehr ein „Nicht-Tun". Es ist die Weisheit der Heiligen, lange genug innezuhalten, um im Herzen auf Gott zu hören und sich von Gott sagen zu lassen, wie man wahrhaft glücklich wird. Wachstum im Geist, „Wachstum an geistlicher Vollkommenheit", wie wir es früher genannt haben, ist dasselbe wie Wachstum in Christus. Es besagt, daß wir unsere begrenzte Vorstellung von dem, was wir sein können, aufgeben und uns auf den Prozeß einlassen, wie Christus zu werden, wobei wir auch ganz wir selbst werden.

Paradoxerweise besagt Selbstverwirklichung, daß man von sich läßt und andere vorzieht. Sie besagt, daß man nicht mehr nach Liebe verlangt und selbst ein Liebender wird. Sie besagt, daß man dem Besitzstreben entwächst und sein Glück im Verschenken entdeckt – sogar im Verschenken seiner selbst, wie Jesus es getan hat.

Nach katholischer Lehre ist höchste Erfüllung denen verheißen, die ihr falsches und privatisiertes Selbst hingeben für das wahre und ganze Selbst, das man in Gott findet. Jesus verheißt, daß „wer sein Leben retten will, es verlieren wird, wer aber sein Leben verliert, es retten wird" (Mk 8,35). Auch das ist mit „Kreuzigung" gemeint, denn das Kreuz führt zur Auferstehung und zum neuen Leben.

Wenn wir uns selbst loslassen, lassen wir uns von Gott auffangen. Wenn wir aufhören, unser Leben selbst zu lenken, lassen wir uns von Gott führen. Wenn wir aufhören mit dem Versuch, uns abzusichern und uns selbst zu erfüllen, können wir unser Leben von der Gnade erfüllen lassen. Das Leben des heiligen Franziskus von Assisi, von Papst Johannes XXIII. und von Mutter Teresa strahlt eine Gnade aus, die sogar Nicht-Katholiken bewundern. Katholische Erfahrung lehrt, daß ein von Freiheit und Gnade getragenes Leben die höchste Erfüllung ist, die einem Menschen zuteil werden kann.

## Gemeinschaftsleben

Es ist schwer, den Ruf des Herrn zur Heiligkeit zu vernehmen, wenn wir uns von allem abschotten, und fast unmöglich, ihm zu folgen, wenn wir es im Alleingang versuchen. Der heilige Paulus hat festgestellt, daß „der Glaube aus dem Hören kommt und das Hören durch diejenigen, die uns die Frohbotschaft vom Heil bringen" (Röm 10,17). Damit hat er nicht nur das Hören mit den Ohren gemeint, sondern auch das innere Hören, das wir im Herzen leisten müssen. Es ist schwer, ein Gespür für die von Gott verheißene Erfüllung zu bekommen, wenn wir nicht erleben, wie diese Verheißung im Leben der Menschen rings um uns in Erfüllung geht. Es ist sogar noch schwerer, sich durch „Nicht-Tun" dem Herrn auszuliefern, ohne Anleitung durch andere, die es getan haben, und ohne den Beistand anderer, die die Bedürfnisse erfüllen, auf deren Erfüllung durch eigene Anstrengung wir verzichtet haben.

Unsere in die Vereinigten Staaten eingewanderten Großeltern hatten in den Nationalpfarreien der großen Städte und den Landpfarreien der Bauern- und Bergarbeitersiedlungen einen großartigen Sinn für katholische Zusammengehörigkeit. Katholiken wuchsen miteinander auf, besuchten die gleiche Schule und waren bei der Arbeit und beim Gottesdienst beisammen. Die Pfarreien waren klein genug, daß der Pfarrer jeden mit Namen kannte, und hatten genug Nachbarschaftsgeist, daß die Leute einander im Notfall beistanden. Sie führten noch das angestammte Gemeinschaftsleben, das sie aus dem katholischen Europa mitgebracht hatten.

Die großen mittelalterlichen Dome in Europa sind nicht von Baufirmen gebaut worden, sondern von Christen, die ihrem Glauben durch ein eigenhändiges Werk Ausdruck verleihen wollten. Einige dieser Dome brauchten hundert und mehr Jahre bis zur Vollendung. Generationen von Steinmetzen, Zimmerleuten und Glasmachern haben ihre Zeit und ihre Talente dem Gemeinschaftswerk gewidmet, während andere Bürger den Werkleuten Verpflegung und Material stellten.

Das war auch in der Frühzeit der Vereinigten Staaten so. Die „Cathedral of the Plains" – der „Prärie-Dom" – im Westen von Kansas, wo meine Eltern getraut worden sind, ist von katholischen Familien gebaut worden, die sich in diesem Gebiet niedergelassen hatten. Allmonatlich haben Väter und Söhne wagenweise Steine zur Baustelle gefahren, und Jahr für Jahr konnten sie beobachten, wie die Frucht ihrer Mühen Gestalt annahm. Als die Kirche fertig war, hatten diese deutschen Katholiken in Kansas wirklich das Bewußtsein, daß das Gotteshaus ihre Identität als Gemeinschaft zum Ausdruck brachte.

Diesen katholischen Gemeinschaftssinn haben wir in Amerika weithin verloren. Wir gehören jetzt auch zur mobilen Gesellschaft, die nicht lange genug an einem Ort bleibt, um Wurzeln zu schlagen. Die Menschen, mit denen wir Tag für Tag ständig zu tun haben, gehen wahrscheinlich nicht in dieselbe Kirche wie wir. Viele Pfarreien sind so riesengroß, daß man sie unpersönlich führt wie eine Firma. Bei der Sonntagsmesse fühlen viele Menschen sich eher als anonymes Publikum denn als im Glauben geeinte Gemeinde.

Die meisten amerikanischen Katholiken führen ihr Glaubensleben als Einzelgänger. Wenn sie um Glaubensschwierigkeiten wissen, die anderen zu schaffen machen, dann stammt ihre Information höchstwahrscheinlich aus Büchern und Illustrierten, aber nicht von den Menschen selbst. Die meisten Katholiken tauschen sich weder über ihre Fragen und Erkenntnisse noch über ihre Schwierigkeiten und Siege mit anderen aus, die ähnliches gedacht oder erlebt haben. Weitaus die meisten Katholiken kommen nicht zum Gebet oder zur Schriftlesung zusammen. Sie kennen kein ungezwungenes Beisammensein und verwenden kaum Zeit darauf, einander besser kennenzulernen.

Das liegt auch daran, daß wir uns als Amerikaner den Mythos vom Durchsetzungsvermögen des einzelnen und von den Aufstiegschancen des Mittelstandes zu eigen gemacht haben. Wir glauben, daß wir es im Alleingang schaffen müssen und daß wir, wenn wir es zu etwas bringen, unser alleinstehendes Haus, unseren Privatwagen und alle Küchen- und Hausgeräte haben sollten, die uns ein bequemes Privatleben ermöglichen. Es in unserer Gesellschaft zu etwas zu bringen, bedeutet Unabhängigkeit, und Menschen, die auf fremde Unterstützung angewiesen sind, sind uns suspekt.

Diese Legende vom Erfolg des Selfmademans ist eine Katastrophe für das Gemeinschaftsleben. Der Preis für die Unabhängigkeit besteht darin, daß die Menschen ohne die Beziehungen auskommen müssen, die ihr Leben bereichern würden. Arme müssen ohne angemessene Wohnung, Arbeit, Bildung und sogar Nahrung auskommen. Reiche müssen auskommen ohne die Freude, die das nachbarschaftliche Zusammenleben und das geschwisterliche Teilen des Lebensunterhaltes mit sich bringen. Alte müssen auskommen ohne Freunde und Verwandte, weil diese sie nicht besuchen können oder wollen. Kinder müssen auskommen ohne Eltern, weil diese arbeiten müssen, um ihren Unterhalt zu sichern. Die meisten Menschen fühlen sich im Leben einsam und suchen Hilfe bei Alkohol, Rauschgift, Fernsehen, Sex, Essen, Glücksspiel und Luxus, um das Gefühl der Einsamkeit zu lindern.

Im Gegensatz dazu ist ein wirklich christlicher Lebensstil gemeinschaftsorientiert. Die Christen der Frühzeit waren so eng miteinander verbunden, daß der heilige Paulus jede Gemeinde als „Leib Christi" bezeichnet hat. Jede einzelne Christengemeinde war eine soziale Gestalt, deren Seele der Geist Christi war. Wie Christus zu leben, hieß, einander beizustehen, füreinander Opfer zu bringen, füreinander sein Leben hinzugeben. Ein Arm oder Bein, ein Mund oder Magen können ja auch kein Eigenleben führen. Die Christen haben nicht versucht, es im Alleingang zu etwas zu bringen. Jeder einzelne hat seinen Beitrag zum Gemeinwohl geleistet, und jeder hat das erhalten, was er speziell brauchte, um glücklich zu leben, ob Speisung oder Kleidung, Seelenführung oder emotionale Zuwendung.

Selbst die alten Griechen wußten schon vor dem christlichen Zeitalter, daß Gemeinschaft für ein wahrhaft menschliches Leben unerläßlich war. Einen Menschen, der keine Ahnung vom Gemeinwohl hatte, bezeichneten sie als „idios", d. h. seltsam, exzentrisch. In ihren Augen war jemand, der nur für sich lebte, ohne sich um das Wohl anderer zu kümmern, von seinem Wandel her ein „Idiot". In unserer Gesellschaft jedoch sieht man jemand, der ohne Rücksicht auf andere großen Reichtum anhäuft, als Finanzgenie an.

Das Christentum hat auf dem Gemeinschaftsverständnis der Antike aufgebaut und ist noch weiter gegangen. Jesus hat gelehrt, all unsere leiblichen und geistlichen Bedürfnisse würden gestillt werden, wenn wir uns nicht um die Dinge dieser Welt ängstigten, statt dessen aber für andere sorgten. Für die Menschen in der Antike, die ebenso versucht waren, nach ihrem eigenen Vorteil Ausschau zu halten, wie die Menschen von heute, war das „die Frohbotschaft vom Gottesreich". Wo immer Menschen so füreinander sorgen, wie der Vater für alle sorgt, sind sie im Gottesreich beheimatet. Das ist eine frohe Botschaft für jeden, ob damals oder heute, der je unter dem Druck stand, es allein schaffen zu müssen.

Als die Kirche so groß wurde, daß dieses Gemeinschaftsgefühl verlorenzugehen drohte, zogen einige Christen, die an diesem Gottesreichsbewußtsein festhalten wollten, aus den Städten aus und führten auf dem Land ein gemeinsames Leben. Sie haben gearbeitet, gebetet und einander mit allem versorgt in – wie man sie damals nannte –„Koinóbien" (Gemeinschaftsklöstern), die wir heute als christliche Kommunen bezeichnen könnten. Das waren Stätten, wo Christen alles, was sie zum Leben brauchte, nach Kommunenart gemeinsam besaßen.

Im Mittelalter sind die Klöster überall in Europa zu Brennpunkten christlichen Lebens geworden. Sie haben nach dem Zusammenbruch des Römerreiches das geistige Erbe der Antike gerettet und die Grundlagen für das Wiedererstehen der Zivilisation geschaffen. Viele mittelalterliche Dome hat man in unmittelbarer

Nachbarschaft der Klöster gebaut, die die Bevölkerung inspiriert haben, sich mit vereinten Kräften für das Gemeinwohl und die Ehre Gottes einzusetzen.

Auch verdanken viele Städte in Europa ihre Lage und ihre ursprüngliche Anlage dem katholischen Gemeinschaftssinn. Die übliche europäische Stadt mit dem Dom im Zentrum, dem Hauptplatz davor, den Laubengängen ringsum und den Brunnen, an denen die Bürger sich und ihr Vieh mit Wasser versorgen konnten – schon die Bauweise solcher Städte war ein beredtes Zeugnis für die Eintracht, in der man sich um einen Brennpunkt des öffentlichen Lebens scharrte. Hier kamen die Bürger zusammen und besprachen das Tagesgeschehen, hier arbeiteten sie und gingen sie ihren Geschäften nach – alles nur einen Sprung von ihrer Wohnung entfernt.

Im Lauf der Zeit haben Christen auf der Suche nach Gemeinschaft andere Formen gemeinsamen Lebens entwickelt. Jedesmal, wenn die kulturelle Entwicklung in der westlichen Welt einen Punkt erreichte, an dem sie erneut unpersönliche Züge annahm, hat der Geist Jesu die Menschen zur Gründung von Gemeinschaften angeleitet. Diese Gemeinschaften konzentrierten sich durchweg auf einen besonderen Dienst wie z. B. Krankenpflege, Obdachlosenfürsorge oder Unterricht. Diese Gemeinschaften haben sich nicht so sehr als Klöster, sondern eher als *Orden* bezeichnet, weil sie ihr Leben nach der *Ordnung* einer Regel führten, wenn auch nicht all ihre Glieder unter dem gleichen Dach wohnten.

Da heutzutage viele unserer herkömmlichen Orden die Ausmaße von Institutionen angenommen haben, suchen Katholiken nach neuen Formen des Gemeinschaftslebens. Viele Ordensleute ziehen in kleinere, persönlichere Wohnverhältnisse. Hauskreise, geistliche Bewegungen und Basisgemeinden sind Versuche, dieses urkatholische Charisma in einem modernen Kontex wiederzubeleben.

In unserer individualistischen Gesellschaft ist die Gabe des Gemeinschaftslebens dringend nötig. Das Zusammenleben im Geiste Jesu und im Stil der Urkirche ist der spezifisch katholische Beitrag zur westlichen Kultur. Der Protestantismus hat diese Gabe weitgehend verloren, weil er nachdrücklich und einseitig betont, daß das Individuum vor Gott für sein Leben allein verantwortlich ist. Seit der Gründung unseres Landes hat es zur protestantischen Leistungsethik gehört, daß das Seelenheil des einzelnen sich in seinem materiellen Wohlergehen spiegelt. Das hat dazu geführt, daß man großen Nachdruck auf den persönlichen Erfolg im geschäftlichen Konkurrenzkampf legt, der oft ohne Rücksicht auf das Wohl anderer ausgetragen wird.

Unsere amerikanische Gesellschaft ist mehr vom Protestantismus als vom Katholizismus geprägt, und die Katholiken haben sich mit ihrem Wunsch, amerikanisch zu sein, diese protestantische Sicht unbewußt zu eigen gemacht. Die katholische Liturgie kündet von Gemeinschaft, und viele Predigten haben die Gemeinschaft zum Thema, aber die meisten Katholiken hören mit sehr individualistischen Ohren zu. Selbst wenn sie sich dazu durchringen, auf die Gemeinschaft zuzugehen, steht auch bei Katholiken oft die Frage dahinter: „Was bringt *mir* das?" Einige Leute, die sich der New Jerusalem Gemeinschaft angeschlossen hatten, haben rückblickend festgestellt, daß sie sich mehr dafür interessiert hatten, wie die Gemeinschaft ihnen nützen könnte, als dafür, wie sie selbst für andere ein Segen sein könnten. Als sich ihre Erwartungen nicht erfüllten, sind sie weitergezogen und haben anderswo Erfüllung gesucht.

Bezeichnend für den Verlust der Gemeinschaftsbindung im Christentum ist das Syndrom der US-amerikanischen Fernseh-Evangelisation. Die Botschaft der Fernsehprediger ist das ganz private Heil und läuft auf geistlichen Narzißmus hinaus. Sie versprechen einsamen Menschen das Heil, wenn sie abgekapselt zu Hause sitzen und sich sagen, daß sie an Jesus glauben. Diesen Predigern scheint ein Heil unbekannt zu sein, das sich in der Kirche und durch sie vermittelt. Dadurch geht der Kern der guten Nachricht vom Gottesreich verloren. Es ist ein wahrer Jammer, daß vor den Fernsehern auch viele Katholiken sitzen und den Kontakt mit dem ursprünglichen Gemeinschaftsbewußtsein ihrer eigenen Kirche verloren haben.

## Aufgerufen zur Umgestaltung der Gesellschaft

Ganz wie der Aufruf zur persönlichen Umkehr über den einzelnen hinausführt und Gemeinschaft zum Ziel hat, führt auch die Einladung zur Gemeinschaft letztlich über sich hinaus. Katholische Lebenserfahrung weiß zu genau, wie sehr die Menschen aufeinander angewiesen sind, als daß sie sich mit individualistischer Frömmigkeit begnügen, und zu genau, was die Sendung der Kirche ist, als daß sie mit der Selbstbezogenheit einer Gemeinschaft zufrieden sein könnte.

Wenn mit einem Leben nach dem Evangelium nicht mehr gemeint war als die Gründung einer Gemeinschaft, hätte die Kirche nicht größer zu werden brauchen als die Jüngerschar, die zum Bekenntnis gefunden hatte, Jesus sei der Messias. Das Christentum hätte eine kleine religiöse Bewegung bleiben können, die sich um die Apostel und ihre Nachfolger gesammelt hätte.

Die Apostel haben jedoch erkannt, daß die gute Nachricht, die Jesus gebracht hatte, nicht nur für sie bestimmt war, sondern für die ganze Welt. Durch seine Predigt und sein Heilswirken hat Jesus verkündet, daß die unglaubliche Liebe seines Vaters alle Menschen einschließt, und durch seinen Tod und seine Auferstehung hat Jesus allen Menschen die Möglichkeit geboten, zu sterben und zum neuen Leben zu erstehen. Die Apostel haben also von Anfang an gewußt, daß sie dazu bestimmt sind, die Frohbotschaft bis an die Enden der Erde zu tragen und die ganze Welt zu Christus heimzuholen.

Die Sendung der Kirche ist es, zu vollenden, was die Apostel begonnen haben. Die Kirche ist ein Zeichen für die Fortdauer der Gegenwart Christi in der Welt. Ebenso wie die Apostel verkündet haben, daß Jesus nicht mehr tot, sondern lebendig und mitten unter ihnen auferstanden sei, verkündet die Kirche, daß Christus in der Welt lebt und wirkt, und sie feiert diese lebendige Wirklichkeit in der Eucharistie. Erfüllt vom Geist Gottes, setzt die Kirche das Heilswirken Jesu fort, indem sie Gottes grenzenlose Liebe verkündet und sich denen zuwendet, die nicht glauben, daß jemand etwas für sie übrig haben könnte. Sie ist ein Sakrament Jesu in der Welt, und daran erinnert sie in der Feier des Sakramentes, das die Vereinigung bedeutet, die Jesus mit jedem Menschen eingehen wird.

Die Eucharistie ist aber nicht nur Vereinigung. Der erste Teil der eucharistischen Liturgie ist die Verkündigung des Gotteswortes der Heiligen Schrift. Die Kirche ist die Stätte, an der das Wort Gottes bewahrt und gelehrt wird mit dem Ziel, daß man es *lebt*. Bevor die Bibel, wie wir sie kennen, niedergeschrieben wurde, hat die christliche Gemeinde die Jesuserzählungen schon weitergegeben und andere gelehrt, ein Leben zu führen, wie Jesus es ermöglicht hat. Mit anderen Worten: die Kirche war *vor* der Bibel da. Der Dienst der Gemeinde hat dazu geführt, daß die Gemeinde dieses Erzählgut gesammelt hat.

Die Feier der Eucharistie schließt nicht mit der Kommunion, sondern mit dem Auftrag: „Geht hin, den Herrn zu lieben und ihm zu dienen!" Wir tun das ganz persönlich, wenn wir unsere Gemeinde, die der Leib Christi ist, lieben und ihr dienen. Gemeinsam aber tun wir das als eine Körperschaft, wenn wir Christus lieben und ihm dienen, wo immer man ihn findet, sogar im „Geringsten meiner Geschwister" (Mt 25,40). Die Sendung der Kirche ist es, die Liebe zu Jesus und den Dienst an ihm zu allen Menschen zu tragen bis an die Enden der Erde und bis ans Ende der Zeiten.

Die Kirche hat daher einen Auftrag, der über sie selbst hinausreicht: Ihr Auftrag ist die Ausbreitung des Gottesreiches unter allen Menschen und die Umgestaltung der Welt in Gottes Reich.

Infolgedessen ist es immer katholisch gewesen, die Gesellschaft umzugestalten, sowohl die innerkirchliche Gesellschaft als auch die Gesellschaft außerhalb des kirchlichen Bereichs.

Die Kirche selbst soll schon eine veränderte, alternative Gesellschaft sein, ein Ort, wo man Gottes Liebe in der Einheit der Gemeinde erlebt und in der Liturgie feiert. Sie soll ein Ort sein, wo allen Gottes Vergebung geschenkt wird und wo dies sakramental zum Ausdruck kommt. Sie soll ein Ort sein, wo allen das angeboten wird, was Christus getan hat. Sie soll ein Ort sein, wo alle die Kraft des Geistes empfangen und wo sie greifbar wird in Lebenserneuerung und Umgestaltung von Beziehungen. Die Aufgabe der Kirche besteht in erster Linie darin, sie selbst zu sein, Kirche zu sein, zu sein, was sie sein soll, und dazu gehört auch der Dienst an denen und die Liebe zu denen, die nicht zur Kirche gehören.

Die katholische Kirche hat diesen Teil ihrer Sendung in der Welt durch fortwährende Selbsterneuerung erfüllt. Einige Katholiken glauben, die Erneuerung habe mit dem Zweiten Vatikanischen Konzil in den sechziger Jahren begonnen, doch dieses Konzil war das einundzwanzigste in der Kirchengeschichte. Tatsächlich ist die Mehrzahl der ökumenischen Konzilien zum Zweck von Erneuerung und Refom einberufen worden.

Die Reform hat in der Kirche schon zur neutestamentlichen Zeit begonnen. Im 15. Kapitel der Apostelgeschichte lesen wir, daß die Apostel in Jerusalem zusammengekommen sind, um zu erörtern, ob nichtjüdische Konvertiten die jüdischen Speisegesetze und andere Gebräuche befolgen müßten. Die versammelten Hirten der Kirche haben zum Wohl der ganzen Kirche entschieden, daß man diese alten jüdischen Gesetze den Neubekehrten aus dem Heidentum nicht auferlegen soll. Wir sehen auch, wie der heilige Paulus sich in seinen Briefen immer wieder bemüht, die Gemeinden, die er gegründet hat, zu reformieren, und sie anhält, ganz nach dem Evangelium zu leben, das er ihnen gepredigt hat.

Die Kirche ist erneuert worden durch das Mönchtum, das im vierten Jahrhundert aufkam, und in den Jahrhunderten danach durch zahlreiche Klosterreformen. Das neunte Jahrhundert hat eine lange Ära der Erneuerung eingeleitet, die sich über das Mittelalter hinzog, mit liturgischen Veränderungen begann, sich über die Revision des Kirchenrechtes fortsetzte und in der Entwicklung der scholastischen Theologie im 13. Jahrhundert ihren Höhepunkt erreicht hat. Das Konzil von Trient war im 16. Jahrhundert von seinem Wesen her ein Reformkonzil, das auf die Herausforderung durch die protestantische Reformation antworten wollte. Die folgenden Jahrhunderte haben die Entstehung vieler Ordensgemeinschaften gesehen, die es in der Kirche bis auf den heutigen Tag noch gibt. Jeder neue Orden hat versucht, den einen oder anderen Aspekt der Kirche von innen her zu erneuern.

Daraus erkennt man, daß die Notwendigkeit der Selbstkritik und der Selbsterneuerung Teil der katholischen Weisheit ist. Die katholische Tradition, an Heiligkeit zu wachsen, ruft nicht nur einzelne, sondern die ganze Kirche zur Umkehr und Umgestaltung auf. Diejenigen, die gegen die Änderungen protestieren, die seit dem Zweiten Vatikanischen Konzil eingeführt worden sind, und glauben machen wollen, die Kirche habe ihre Tradition preisgegeben, haben offenbar eine sehr kurzsichtige Vorstellung von Tradition. Sie denken nur an die *Traditionen* der letzten vierhundert Jahre, und übersehen dabei die *Veränderungen*, die in den Jahrhunderten nach dem Konzil von Trient stattgefunden haben. Noch schlimmer: Sie werden blind für die zweitausendjährige Geschichte des kirchlichen Wachstums und der Erneuerung, die *die* große katholische Tradition ist.

Solche „Traditionalisten" sind daher eigentlich Antitraditionalisten. Naiv verwechseln sie die Gestalt, in der sie den Katholizismus vor ein paar Jahrzehnten angetroffen haben, mit dem Katholizismus, wie er seit Jahrhunderten bestanden hat. John Henry Newman, der berühmte englische Theologe, hat vor über hundert Jahren bemerkt: „Wachsen heißt, daß man sich verändert, und vollkommen sein heißt, daß man sich oft verändert hat."

Als Kardinal Newman diese Worte niederschrieb, war es üblich, von der Kirche als einer „vollkommenen Gesellschaft" zu sprechen. Damals waren nur wenige in der Kirchengeschichte so bewandert wie Newman, und er hat deutlich gesehen, daß die Fähigkeit der Kirche zur Veränderung und zum Wachstum Teil ihrer „Vollkommenheit" war.

Die Berufung des Katholizismus zur Umgestaltung der Gesellschaft reicht aber über die Grenzen der Kirche selbst hinaus. Die Gesellschaft der westlichen Welt ist vom Christentum immer wieder umgestaltet worden, und die Kirche hat oft, wenn nicht immer, bei dieser Umgestaltung der Gesellschaft mitgewirkt. Das Wohl der Menschen hat den Katholiken immer am Herzen gelegen.

Im alten Rom hat die kirchliche Hierarchie gegen Gladiatorenkämpfe und andere Spiele mit tödlichem Ausgang protestiert. Die Christen durften solche „öffentlichen Spiele" nicht besuchen, und schließlich hat die Kirche die Regierung gezwungen, sie unter Strafe zu stellen. Bedeutenden kirchlichen Persönlichkeiten war auch die Einführung von Gesetzen zu verdanken, die die Rechte der Witwen und Waisen schützen, die Sklaverei einschränkten, die Zahl der Abtreibungen verringerten und für Verbrecher eine humane Behandlung vorsahen.

Im Mittelalter hat die Kirche die Bauern vor der Unterdrückung durch den Adel geschützt. Sie hat Menschen Asyl gewährt, die ungerechte Gesetze gebrochen hatten oder nach denen man fahndete, weil sie gegen grausame Behandlung oder ungerechte Steuern protestiert hatten. Sie hat erklärt, daß das sogenannte Gottesgnadentum der Könige durch das Gottesgesetz der Gerechtigkeit eingeschränkt sei, und ist als Berufungsinstanz für Menschen eingetreten, die sich von weltlichen Gerichten zu Unrecht verurteilt glaubten. Sie hat die Theorie vom „gerechten Krieg" aufgestellt, um die Grausamkeiten des Krieges einzudämmen, und sie

hat sogar gelegentlich eine „treuga Dei", einen Gottes-
frieden, ausgerufen, der zu bestimmten heiligen Zeiten
Waffengänge untersagte.

Die Klöster waren die ersten Hospitäler für die Kranken und die ersten Hotels für müde Pilger. (Sowohl
„Hospital" als auch „Hotel" kommen vom gleichen
Wortstamm, hospes, der jemand bezeichnet, der Gastfreundschaft gewährt.) Die Klöster waren im Mittelalter auch die ersten Schulen, und die Mönche haben
nicht nur Religionsunterricht erteilt und antike Bildung vermittelt, sondern auch handwerkliche und
landwirtschaftliche Fertigkeiten gelehrt. Die Ordensleute, die durch ihre Gelübde zu einem Leben „in der
Welt, aber nicht von der Welt" verpflichtet sind, haben
diese Tradition des Dienstes am allgemeinen Wohl jen-
seits der Klostermauern fortgesetzt und in die ganze
Gesellschaft hinausgetragen. Der Orden der „Merceda-
rier" hat sich dem Loskauf christlicher Sklaven aus der
Gewalt nichtchristlicher Seeräuber oder Potentaten gewidmet, wobei seine Angehörigen so weit gingen, daß
sie sich im Austausch angeboten haben, wenn sie den
Gefangenen nicht freikaufen konnten.

In jüngerer Zeit haben Missionare gegen die Verskla-
vung von Afrikanern und Indios in Agrargesellschaften
gekämpft. Sowohl Papst Leo XIII. als auch Papst Pius XI.
haben Enzykliken geschrieben, die die Entpersönli-
chung der Fabrikarbeiter in Industriegesellschaften an-
klagen. Papst Johannes XXIII. und Papst Paul VI. haben
zur gerechteren Verteilung des Wohlstandes in der Welt
zwischen den reichen und den armen Nationen aufgerufen. Papst Johannes Paul II. hat ebenfalls zur „Huma-
nisierung des Arbeitsplatzes und zur Christianisierung
des Marktplatzes" aufgerufen. Ständig protestieren
amerikanische Bischöfe gegen die Ausbeutung von
Wanderarbeitern, lenken die öffentliche Aufmerksam-

keit auf die bedrückende Lage bäuerlicher Familien, unterstützen Obdachlose und AIDS-Opfer und verurteilen das Wettrüsten und den Einsatz von Kernwaffen.

Anderseits gibt es Katholiken, die glauben, die Kirche sollte sich aus den Angelegenheiten der Gesellschaft heraushalten. Wenn es nach ihnen ginge, müßten die Oberhirten bei ihren „religiösen" Aufgaben bleiben und dürften nichts zu Politik und Wirtschaft sagen. Sie behaupten, Sache der katholischen Kirche sei es, sich einzig um das Heil der Seelen zu kümmern, nicht aber um das Heil der Gesellschaft.

Solche Katholiken haben ähnlich wie diejenigen, die gegen Veränderungen in der Kirche protestieren, den Kontakt mit der katholischen Tradition der Gesellschaftsveränderung verloren. Sie haben keine ganzheitliche Vorstellung von dem, was katholisch ist; sie sehen das Heilige und das Profane als zwei verschiedene Bereiche. Sie wissen nicht mehr, daß die Kirche sich zu allen Zeiten darum gesorgt hat, wie die Menschen behandelt werden und wie sie miteinander umgehen. Sie vergessen, daß ein wesentlicher Teil der Sendung der Kirche darin besteht, soweit wie möglich die Verwirklichung des Gottesreiches auf Erden herbeizuführen.

Die Sorge der Kirche um das Wohl der Menschen, vor allem um das Wohl der Armen und Benachteiligten, entspringt unmittelbar der katholischen Auffassung von ganzheitlichem Wachsen und von universalem Heil. Gott will, daß jede und jeder das volle eigene Potential erreicht und so heil und heilig wie möglich wird. Erstens heißt das, daß man für die Erfüllung menschlicher Grundbedürfnisse sorgt, damit die Menschen materiellem Mangel und psychischer Not enthoben sind. Zweitens heißt das, daß der Mensch in seiner geistig-geistlichen Dimension zur Vollendung gelangt, so daß er durch sein Verhältnis zu Gott und durch die Linderung fremder Not zur vollen Reife in Christus heranwächst. Das Evangelium ist eine Botschaft, die sich an alle Bereiche des menschlichen Seins richtet: an Leib und Seele ebenso wie an den Geist. Christsein ist eine Lebensweise, die den einzelnen, Gemeinschaften und die ganze menschliche Gesellschaft umfaßt. Die Frohbotschaft besagt, daß Gottes Macht, die Macht des Heiligen Geistes, da und bereit ist sowohl zur Rettung der Seelen wie auch zur Erlösung der Welt.

Sich die katholische Auffassung zu eigen zu machen, heißt, die Dinge niemals hinzunehmen, wie sie sind. Immer leiden Menschen Schmerz und Unterdrückung. Immer brauchen Menschen Heilung und Befreiung. Um aber Leid und Schmerz im großen zu stillen, muß man die Gesellschaft selbst umgestalten. Katholisch zu sein, heißt, seinen Platz in der langen Reihe der christlichen Sozialreformer einzunehmen, die schon immer die Welt verändern und dem Gottesreich ähnlicher machen wollten.

## Ein tiefes Geschichtsbewußtsein

Das katholische Bewußtsein ist ein von der Geschichte durchdrungenes Bewußtsein. In der katholischen Überlieferung zu stehen, heißt, zu wissen, daß unsere Kirche schon lange besteht und daß unser jüdisch-christliches Erbe sogar in noch fernere Zeiten zurückreicht.

Seit fast zwanzig Jahrhunderten hat sich die katholische Kirche bemerkbar gemacht und dabei unter dem Einfluß der abendländischen Kultur gestanden – vier- oder fünfmal so alt wie die älteste protestantische Kirche und zehnmal so alt wie die Vereinigten Staaten. Die Zugehörigkeit zu einer Kirche mit einer so langen Geschichte verleiht Katholiken eine einzigartige Geschichtsperspektive.

Wenigstens sollte sie das tun. Als Amerikaner leben wir zu oft in der unmittelbaren Gegenwart. Wir vergessen, daß die meisten Probleme, die uns heute persönlich oder als Gesellschaft beschäftigen, von der Kirche schon Jahrhundert um Jahrhundert aufgegriffen worden sind. Die Lösung für viele persönliche Probleme – normalerweise sprechen wir in diesem Zusammenhang von „persönlichen Sünden" – besteht im evangeliumsgemäßen Gemeinschaftsleben. Die Lösung für viele Probleme der Gesellschaft – oft als „soziale Sünden" bezeichnet – besteht darin, der Welt das Evangelium mitzuteilen.

Wie schnell vergessen wir Amerikaner, daß die Engländer einmal unsere Feinde gewesen sind, ebenso die Deutschen und die Japaner in noch jüngerer Vergangenheit. Wie vergessen wir völlig die Bekehrung Rußlands vor etwa zehn Jahrhunderten und die Tatsache, daß eine Vielzahl der Menschen, die unter kommunistischer Herrschaft leben, Christen sind. Wenn wir vergessen, daß die meisten Menschen, die von unserem Angriff mit Kernwaffen getötet würden, unsere Schwestern und Brüder in Christus sind, ist es anscheinend leichter, sie als unsere Feinde zu sehen. Doch unsere Geschichte zeigt, daß diejenigen, die man einmal als Feinde betrachtet hat, Freunde werden können.

In ihren zweitausend Jahren hat die Kirche unter Königen und Kaisern, in Demokratien und Diktaturen, mit dem Kapitalismus und dem Kommunismus gelebt. Die katholische Sicht der Geschichte zeigt, daß wir kein politisches oder wirtschaftliches System zu fürchten brauchen. Das Evangelium Jesu kann man überall, jederzeit und unter allen denkbaren Bedingungen leben. Es ist eine historische Tatsache, daß das Christentum in Zeiten der Religionsverfolgung manchmal seine höchste Blüte erlebt hat.

Wenn wir im Einklang mit unserer katholischen Vergangenheit bleiben, begreifen wir, daß Krieg nur die Probleme des Augenblicks löst und immer neue nach sich zieht. Auf die Dauer besteht die einzig weise Lösung im Wagnis des Friedens, keines Friedens, wie die Welt ihn mit Waffengewalt gibt, sondern eines Friedens, der daher rührt, daß wir es, wie Jesus es getan hat, wagen, sogar unsere Feinde zu lieben.

Ein katholischer Humorist hat einmal die Bemerkung gemacht: „Wir müssen unsere Feinde lieben – einschließlich der Pfarrer!" In jeder Gemeinschaft oder Einrichtung sind es oft die Leiter, die wir am meisten hassen, und nicht so sehr die Außenstehenden. In der Kirche hegen wir oft einen ganz besonders heftigen Zorn gegen die Geistlichkeit oder gegen Ordensleute. Manchmal kann dieser Zorn persönlich sein und auf Kränkungen oder Verletzungen beruhen, die uns von diesen Menschen zugefügt wurden. Häufig richtet sich der Zorn aber gegen jemand, den wir gar nicht kennen, oder gegen die Obrigkeit ganz allgemein, weil sie etwas in der Kirche tun oder zu tun versäumen.

Wenn dieser Zorn eine Reaktion auf Veränderungen in der Kirche ist – mögen die Veränderungen unserer Meinung nach zu schnell und zu zahlreich oder zu langsam und zu spärlich sein –, so könnte das daran liegen, daß wir nur die augenblickliche Situation sehen, die geschichtlichen Zusammenhänge aber nicht überblicken. Das katholische Geschichtsbewußtsein reicht so unermeßlich weit zurück, daß man vieles, was in der Kirche passiert – oder nicht passiert –, nur im Licht der Geschichte begreifen kann.

Wir haben schon festgestellt, daß diejenigen, denen die jüngsten Veränderungen in der Kirche zu schaffen machen, die gesamte katholische Tradition, die sich mit der Entwicklung einer Institution und mit dem Engagement in der Gesellschaft befaßt, nicht mögen. Allerdings schätzen diejenigen, die sich daran stoßen, daß die Kirche es nicht fertigbringt, sich und die Welt schnell genug zu ändern, ebenfalls die reiche Geschichte der katholischen Tradition nicht. Schließlich handelt es sich trotz allem um eine sehr lange Tradition, die schon viele Veränderungen gesehen hat.

Während wir als Einzelmenschen dazu neigen, Veränderung im Licht der Jahre zu sehen, die unser Leben umspannt, neigt die Kirche als Institution dazu, Veränderung im Licht von Jahrhunderten zu sehen. Für den größten Teil der Kurie in Rom z. B. ist Veränderung etwas, was langsam im Lauf von Generationen vonstatten geht; denn die größeren Veränderungen in der Kirchengeschichte haben immer viel Zeit gebraucht. Man sieht z. B. die ganz allmächliche Entwicklung von der Erwachsenentaufe zur Kindertaufe, vom verheirateten zum ehelosen Klerus, von der formlosen Sakramentenspendung zur sakramentalen Feier mit fester Spendeformel und von wenigen Ehegesetzen zu einem umfangreichen Eherecht – und reagiert daher verwirrt, wenn aus einigen Richtungen die Forderung nach sofortiger Durchführung der umgekehrten Veränderungen laut wird. Man begnügt sich gern damit, die Dinge auch weiterhin – unter der Führung des Heiligen Geistes – ihrer schleppenden Entwicklung zu überlassen und an der Institution nur dann etwas zu verändern, wenn es unvermeidlich ist.

Das soll nicht heißen, daß es in der Kirche kein behördenimmanentes Beharrungsvermögen oder in ihrer Leitung keine persönliche Dickköpfigkeit gibt – weit gefehlt! Es soll aber andeuten, daß nicht aller Widerstand gegen Veränderungen böswilliger oder krankhafter Unbeugsamkeit entspringt. Oft genug weigert sich die Hierarchie, auf der Stelle Veränderungen durchzuführen, weil sie sieht, daß sowieso Veränderungen kommen, die dann vielleicht nicht so viele negative Reaktionen auslösen.

Dieses schleppende Tempo bei Veränderungen tut denen weh, die sich von Veränderungen gute Sofortresultate versprechen möchten wie z. B. die Wiederzulassung laisierter Priester zur Ausübung ihres Dienstes, die Förderung der Übernahme kirchlicher Ämter durch Laien und die Dezentralisierung der Vollmachten der Hierarchie. Solcher Schmerz ist bedauerlich. Er drückt viele Gutgesinnte in der Kirche; sie sehen die Früchte eventueller Veränderungen vor ihren Augen welken und am Weinstock verdorren. Sie können fast schmecken, wie herrlich es für die Kirche – und für sie selbst – wäre, wenn Rom diese Veränderungen auf der Stelle träfe.

Das katholische Geschichtsbewußtsein beseitigt dieses Leid nicht, aber es lindert den Schmerz. Ein tiefes Geschichtsverständnis führt uns zu der Erkenntnis, daß es auch früher schon Veränderungen zum Besseren gegeben hat, und hält die Hoffnung wach, daß es auch weiterhin Veränderungen zum Guten geben wird. Es weckt unsere Aufmerksamkeit dafür, daß sich der Geist wirklich in der Kirche bewegt und daß dies immer eine Bewegung auf mehr Lebensfülle und Freiheit hin ist. Das legt es nahe, unsere Aufmerksamkeit den Veränderungen zu schenken, die tatsächlich im Gang sind, statt Veränderungen nachzutrauern, die noch nicht eingetreten sind.

Vielleicht könnte man sagen, eine besondere Tugend, eine Tugend katholischer Geduld, habe ihren Ursprung darin, daß man die Langlebigkeit der katholischen Überlieferung voll und ganz zu schätzen weiß. Sie entschärft unsere Ungeduld mit der Institution und läßt den Dampf ab aus unserem Zorn gegen ihre Spitzen. Sie befähigt uns, die Kirche so ähnlich zu sehen, wie Gott die Menschheitsgeschichte sehen muß, und mit einer Art göttlicher Geduld. Und sie gibt uns die Klugheit, mit dem Geist zusammenzuwirken und im Leibe Christi zu tun, was wir können, und alles andere Gott zu überlassen.

## Eine optimistische Haltung

Alle in diesem Kapitel behandelten Wesensmerkmale des Katholizismus haben ihren Ursprung in einer optimistischen Haltung zum Leben, zur menschlichen Natur und zur Geschichte, die ihnen zugrunde liegt. Ein wirklich katholisches Bewußtsein sieht die Welt, in der es selbstverständlich sowohl Gutes wie auch Böses gibt, und konzentriert sich auf das Gute. Der Katholizismus sieht die Menschen und betont das Gute, das ihnen innewohnt, und ihre Fähigkeit zum noch Besseren. Er sieht die Höhen und Tiefen der Geschichte und beharrt darauf, daß der Fortschritt den Verfall überwiegt.

Solch ein Optimismus ist nicht allen Religionen eigen. Für dualistische Religionen besteht die Wirklichkeit aus Materie und Geist, und sie behaupten, daß nur die geistige Welt wirklich gut, die materielle Welt aber im Grunde böse sei. Die calvinistische Richtung im Protestantismus hält die menschliche Natur für so verderbt, daß sogar die Besten unter den Menschen schlimme Sünder sind. Östliche Religionen wie der Hinduismus und der Buddhismus betrachten die Geschichte als Illusion, die eine zyklische Zeit der ewigen Wiederkehr des Gleichen verbirgt.

Der Katholizismus räumt die Wirklichkeit der Sünde und des Bösen ein, geht aber nicht von ihnen aus. Sein Ausgangspunkt ist die Güte der Schöpfung, und er lehrt, daß man das Böse nur als einen Mangel an vollkommener Güte bemessen kann, als die unumgängliche Unvollkommeneit einer Welt, die nicht Gott ist. Sein Ausgangspunkt ist die ursprüngliche Güte der menschlichen Natur, und er vertritt die Auffassung, daß die Sünde eine Auswirkung der menschlichen Freiheit ist, die Folge einer abwegigen Entscheidung. Sein Ausgangspunkt ist eine evolutionäre Auffassung der Geschichte, die mit der Erschaffung der Welt durch Gott beginnt und Offenbarung auf Offenbarung über die Bestimmung des Menschen folgen läßt, ohne zu bestreiten, daß die Dinge manchmal um so mehr dieselben zu bleiben scheinen, je mehr sie sich ändern.

Diese optimistische Haltung durchzieht die ganze katholische Philosophie, Theologie und Moral. Philosophisch ist der Katholizismus der Ansicht, daß der Mensch unbegrenzte Entfaltungsmöglichkeiten besitzt. Er ist der Auffassung, daß wir Gott erkennen können und auch wirklich erkennen, wenn auch nicht restlos, und daß unser Sehnen nach geistiger Erkenntnis gestillt wird, wenn wir Gott von Angesicht zu Angesicht schauen. Er ist der Auffassung, daß wir als Geschöpfe nach Gottes geistigem Ebenbild alles, was Gott geschaffen hat, begreifen können und zu begreifen streben sollten auf der Suche nach der göttlichen Einheit des Ganzen. Er verkündet, daß auch die allerschlichtesten Menschen nach den Höhen der Heiligkeit und nach der Verwirklichung des menschlichen Potentials streben sollten.

Theologisch setzt der Katholizismus mit der allumfassenden Einheit in Gott an und scheidet dann erst zwischen Gottheit und Menschheit. Das gläubige katholische Denken sieht Gott aus dem Universum hervorleuchten, eine Offenbarung des wahrhaft Unendlichen im nicht ganz Unendlichen. Es nimmt die fundamentale Einheit aller Menschen wahr und nennt sie Kinder des einen gemeinsamen Gottes. Es bekundet, daß in Jesus Gottheit und Menscheit völlig miteinander eins geworden sind und daß dieser Jesus in der Eucharistie ganz zugegeen ist. Es sieht die sichtbare Welt und erblickt allenthalben Sakramente Gottes: in Brot und Wein, Wasser, Öl, Feuer und Wind, Rauch und Asche, in der Handauflegung und sogar in der geschlechtlichen Vereinigung. Es nimmt an, daß Gottes Liebe inmitten der menschlichen Liebe zu finden ist, daß die göttliche Gerechtigkeit der menschlichen Gerechtigkeit zugrunde liegt, daß das Leben des dreifaltigen Gottes der tiefste Grund dafür ist, daß menschliche Beziehungen Leben stiften können.

Was das sittliche Verhalten angeht, setzt der Katholizismus den Akzent eher auf Gottes Initiative als auf die Verantwortung des Menschen. Er betrachtet die Moral mehr aus der göttlichen Sicht der Liebe und der Vergebung als aus der menschlichen Sicht der Sünde und des Versagens. Mitunter ist er dabei zu weit gegangen und hat den Eindruck erweckt, man könne tun, was man wolle, solange man nachher beichten geht. Mitunter ist er allzu großzügig gewesen mit der Ansicht, die Armen erhielten ihren Lohn im Himmel, während er die Reichen ohne Gewissenserforschung zum Thema „soziale Sünde" laufen ließ.

Andere christliche Konfessionen, die die menschliche Verantwortung betonen, können Katholiken mit ihrer Sittenstrenge beschämen. Sie bestehen darauf, daß man die Zehn Gebote buchstäblich befolgt, daß man ein enthaltsames Leben führt, ohne Glücksspiel, Alkoholgenuß oder Rauchen, daß man zum Unterhalt der Geistlichkeit den Zehnten entrichtet, daß man ein tadelloses Familienleben pflegt und sich bemüht, die Welt zu Christus hinzuführen. Die katholische Moral hat zur Laxheit geneigt, wenn man vom Gebiet der Sexualität absieht, auf dem sie aus kulturellen und gesellschaftlichen Gründen skrupelhaft streng gewesen ist.

Obgleich die katholische Kirche gern vor ihren eigenen sittlichen Schwächen ein Auge zugedrückt hat, ist ihre großzügigere Sicht der Moral doch im Grunde biblisch. Die jüdisch-christliche Bibel offenbart einen Gott, der gnädig ist, der vergibt und Verständnis hat. Die Heilige Schrift verkündet beredt Gottes bedingungslose Liebe zu den Menschen trotz ihres sittlichen Versagens und Gottes zuverlässige Vergebung denen gegenüber, die ihre Schwäche eingestehen.

Protestanten berufen sich oft und gern auf Joh 3,16, um zu beweisen, daß Gott im Heilsdrama den ersten Schritt getan hat: „So sehr hat Gott die Welt geliebt, daß er seinen einzigen Sohn hingab, damit jeder, der an ihn glaubt, nicht zugrunde geht, sondern das ewige Leben hat." Sie können sogar Epheser 2,4 – 5 zitieren, um ihrem Argument Nachdruck zu verleihen: „Gott, der voll Erbarmen ist, hat uns, die wir infolge unserer Sünden tot waren, in seiner großen Liebe, mit der er uns geliebt hat, zusammen mit Christus wieder lebendig gemacht. Aus Gnade seid ihr gerettet." Doch diese Zitate sind nur zwei von Hunderten, die der katholischen Auffassung zugrunde liegen, daß die Moral mit dem Ja zu unserer völligen Abhängigkeit von Gott beginnt und endet.

Man hat gesagt, dam Katholizismus gehe es darum, ein paar geistliche Riesen hervorzubringen, und dem Protestantismus darum, viele geistliche Zwerge hervorzubringen. Wenn das auch eine allzu große Vereinfachung ist, kann man doch sehen, daß etwas Wahres daran ist. Die protestantischen Kirchen verstehen es,

Menschen für die Schriftlesung, für Gebetsgruppen und gemeinschaftliche Gottesdienste zu gewinnen, so daß viele von ihnen persönlich den Herrn kennenlernen und nach Gottes Wort leben. Allzu oft sehen Protestanten aber in den Anfängen des geistlichen Wachstums das Ein und Alles des Christenlebens. Sie bleiben am Ausgangspunkt haften, bei der Entwicklung eines persönlichen Verhältnisses zu Christus – das sicher von grundlegender Bedeutung ist –, und kommen nie über die ersten Voraussetzungen: Bekehrung, Rechtfertigung und Gebet, hinaus.

Nach überlebensgroßen Christen muß man sich in der katholischen Kirche umsehen. Menschen wie Augustinus, Thomas von Aquin, Katharina von Siena, Teresa von Avila, Franz von Assisi und Mutter Teresa von Kalkutta sind wahre Heldengestalten. Ihre geistliche Disziplin hat sie solche Gipfel des geistlichen Lebens und solche Tiefen der Einswerdung mit sich selbst erreichen lassen, daß sie unsere Bewunderung erregen. Sie sind die wirklich Heilen und Heiligen im Sinne des Christentums. Sie sind die Menschen, die man als Heilige hinstellt. Im großen und ganzen entstammen sie der katholischen Kirche.

Leider kommen aber die meisten Katholiken nicht so weit. Sie versuchen nicht einmal, so weit zu kommen. Sie bleiben selbst im Hintergrund und deuten auf die geistlichen Riesen des Katholizismus, als ob die Heiligen den Lebenswandel der ganzen katholischen Kirche legalisierten. Viele Katholiken machen nie eine persönliche Bekehrung durch; sie kommen nie über das Hersagen eingedrillter Gebete hinaus; sie lesen nie die Bibel; sie entwachsen nie einer gesetzlichen Moral. Sie erlangen nicht einmal die Statur von geistlichen Zwergen.

Es ist traurig, aber in mancherlei Hinsicht hat dieses Paradox seinen Ursprung in der Amtskirche. Die Kirche hat die große katholische Tradition am Leben erhalten, aber sie hat das Geheimnis ihrer Lebenskraft vor allen gehütet – außer den wenigen Bevorzugten, die in Klöster oder Orden eingetreten sind. Sie hat die Heiligen zu Lebzeiten oft verkannt – ganz wie das amtliche Judentum die Propheten in Israel verfolgt hat –, um sie dann nachträglich zu verherrlichen. Dem Gros der Katholiken des Mittelalters und der Neuzeit hat man vorgemacht, die Heiligen seien eher unglaubliche Ausnahmen als Beispiele, denen auch sie nachstreben könnten. Die kirchliche Obrigkeit hat sich allzu oft damit begnügt, das Volk mit Brosamen abzuspeisen, anstatt es zum Festmahl an der Tafel des Himmelreiches einzuladen. Wenn die Kirche im Mittelalter ihrer Sendung gerecht geworden wäre, hätte man vielleicht nicht nach der protestantischen Reformation gerufen. Wenn die Kirche in der Neuzeit ihrem Einheitsideal gerecht geworden wäre, wäre Europa vielleicht vor zahllosen Religionskriegen und zwei Weltkonflikten bewahrt geblieben, die hauptsächlich von Christen und ehemaligen Christen angezettelt worden sind.

Die vom institutionellen Katholizismus begangenen Fehler deuten auf eine dunklere Seite der Kirchengeschichte. Die katholische Weltzugewandtheit hat mitunter das „gute Leben" für die Großen und Mächtigen zu sehr betont und die Bedürfnisse der Armen außer acht gelassen. In den letzten Jahrhunderten ist die katholische Kirche ziemlich provinziell gewesen und hat engstirnig auf europäische und italienische Verfahrensweisen gepocht. Manchmal hat die Kirche Gesetzesgehorsam statt persönlicher Heiligkeit gefordert, und sie ist eher für den Status quo als für die Umwandlung der Gesellschaft eingetreten. Sie hat oft Anpassung fälschlich für Gemeinschaft gehalten und die Eigenständigkeit unterdrückt. Die Kirche hat auch ihre eigene Geschichte vergessen und manchmal Trivialitäten an die Stelle ihrer viel tieferen überlieferten Weisheit gesetzt. Und der Katholizismus hat unter seinem eigenen Fundamentalismus und anti-intellektuellen Dogmatismus gelitten.

Wenn wir uns selbst gegenüber ehrlich und unseren Kritikern gegenüber aufrichtig sein wollen, müssen wir zugeben, daß der Katholizismus bei all seinem Glanz einen dunklen Schatten wirft. Wir müssen nun daran gehen, diesen Schatten zu untersuchen. Als Katholik ist man herausgefordert, sowohl das Gute wie auch das Schlechte an der Kirche nüchtern zu sehen, aber auch das Gute zu bezeugen, um auf dem Besten in unserer Überlieferung aufzubauen.

# Zweites Kapitel

# Die Schattenseite des Katholizismus

Je heller das Licht, um so dunkler ist der Schatten, den es wirft. Das gilt von jeder Lichtquelle, ob im wörtlichen oder im übertragenen Sinn. Der Schatten der Sonne ist auf der dunklen Seite des Mondes völlig schwarz; der Schatten, den eine Kerze im Zimmer wirft, ist viel weicher. Ein guter Mensch läßt Licht in das Leben seiner Umgebung fallen. Große und bedeutende Menschen sind helle Lichter in der Geschichte: Sie tun viel Gutes, aber sie können auch viel Böses anrichten. Das gilt auch von großen Institutionen wie der katholischen Kirche.

Wenn wir von der Schattenseite eines Menschen oder einer Institution reden, bedienen wir uns der Ausdrucksweise der Jungschen Psychologie. Dem Psychologen Carl G. Jung zufolge hat jeder Mensch eine Seite, deren er oder sie sich bewußt ist. Dazu gehören die positiven Eigenschaften der Menschen, die Aspekte ihres Wesens, derer sie sich bewußt, auf die sie vielleicht sogar stolz sind. Aber alle Menschen haben auch eine Seite ihres Wesens, deren sie sich nicht bewußt sind. Sie ist ihrem Blick entzogen, da sie im Dunkel ihres Unbewußten verborgen ist. Oft sehen andere diese negativen Züge, aber ihnen selbst fallen sie nicht auf. Zum Beispiel kann jemand die Gewohnheit haben, an den Fingern zu ziehen, bis die Knöchel knacken, ohne zu merken, daß er anderen damit auf die Nerven geht oder daß er überhaupt seine Knöchel knacken läßt. Oder eine Frau kann ihren Kindern gegenüber aus der Haut fahren und meinen, ihr Ausbruch werde sie bändigen; sie übersieht aber, daß er sie auch abstößt.

Niemand ist vollkommen. Wir alle haben eine Schattenseite unseres Wesens und verdunkeln damit irgendwie unsere Umgebung. Das gilt auch von Gruppen, Gemeinschaften und Institutionen. Jede hat gewisse Gaben oder Charismen, die Lichtquellen sind. Deshalb schließen die Menschen sich ja solchen Gruppen an: Sie werden von dem Licht angezogen, das sie sehen, und sie möchten von den Gaben der Gruppe profitieren. Aber auch Gruppen sind nicht vollkommen. Früher oder später entdecken die neuen Mitglieder die Mängel der Gruppe; sie stoßen auf ihren Schatten. Das kann auf sie entmutigend und ernüchternd wirken – vielleicht treten sie sogar wieder aus. Wer an einer Gruppe, einer Gemeinschaft oder einer Institution Kritik übt, kritisiert immer ihre dunklere Seite.

Ganz wie sich das Leuchten des Katholizismus aus vielen Quellen speist, so auch seine Dunkelheit. Das Leuchten des Katholizismus rührt zuallererst von Jesus, von der Offenbarung her, die er selbst war, und von dem Evangelium, das er verkündet hat. Das Leuchten rührt auch aus der jüdischen Überlieferung, in die er hineingeboren worden ist, und aus dem Geist, der die Kirche in ihren Anfängen mit Kraft erfüllt hat. Es rührt aber auch aus der weisen Führung ihrer Hirten, der Heiligkeit ihrer Heiligen, der Erkenntnis ihrer Theologen und dem Glauben, den ihre Gläubigen fast zweitausend Jahre lang bewiesen haben. In diesem von vielen Quellen gespeiste Leuchten des Katholizismus gelangt seine lange und große Tradition zu ihrem Gipfel.

Das Dunkel des Katholizismus rührt ebenfalls aus vielen Quellen. Jesus hat im Evangelium nicht alles gesagt, was man sagen könnte, und daher haben Christen seine Botschaft manchmal falsch gedeutet. Sowohl die östliche wie auch die abendländische Kultur, in denen das Christentum sich zur Blüte entfaltet hat, haben ihre guten Seiten, doch sie haben auch ihre Schatten. So ähnlich haben im Laufe der Geschichte auch Persönlichkeiten und Institutionen etwas von ihrem Schatten zur kollektiven Dunkelheit der Kirche beigesteuert. Die Kirche ist heutzutage zum Teil auch wegen der Schatten, die sie ererbt hat, unvollkommen.

In jedem Menschen, in jeder Gruppe und sogar in jeder Überlieferung gibt es also sowohl Licht als auch Finsternis, hellen Glanz wie auch Schatten. Das erste Kapitel hat viel vom Glanz der katholischen Tradition berichtet. Jetzt ist es Zeit, einen Blick auf ihre dunkleren Seiten zu werfen.

## Unkatholischer Katholizismus

Der Schatten ist das, was jemand an sich nicht wahrnimmt. Er ist im großen und ganzen unbewußt. Oft ist der ganze Stolz der Katholiken ihre Tradition – im Wissen um ihre Geschichte, die zwanzig Jahrhunderte zurückreicht, im Bewußtsein ihrer Zugehörigkeit zu einer weltweiten Kirche.

So merkwürdig es klingt, ist dieser Stolz jedoch oft nur kaschierte Unwissenheit. Die meisten Katholiken wissen heutzutage, daß ihre Kirche eine große Überlieferung besitzt, aber sie kennen diese Überlieferung eigentlich nicht. Sie wissen, daß sie eine Geschichte haben, kennen aber ihre Geschichte nicht. Sie wissen, daß die Kirche in jedem Land der Welt präsent ist, aber sie stellen sich die Kirche überall wie ihre Heimatpfarrei vor. Sie haben als Katholiken nur ihren Kirchturmshorizont und sind sehr unkatholische Katholiken.

Unkatholische Katholiken haben nie lebendigen

Kontakt mit der großen Weisheitstradition des Katholizismus gehabt. Ob das an den Mängeln des heutigen Religionsunterrichts liegt oder andere Ursachen hat, spielt hier keine Rolle. Die Überfülle dessen, was Tag für Tag auf uns eindringt, kann leicht dazu führen, daß das überlieferte Glaubensgut des Katholizismus sich nur noch wie eine interessante Information unter anderen ausnimmt. Die Kompliziertheit des täglichen Lebens kann leicht den Eindruck erwecken, das einfache Evangelium sei naiv. Bald aus diesem, bald aus jenem Grund suchen Katholiken die Antwort auf ihre Lebensfragen nicht mehr in der Heiligen Schrift, bei den Heiligen und Mystikern, bei den Philosophen und Theologen, die zur Größe des Katholizismus beigetragen haben. Statt Menschen mit einer großen Seele zu sein, sind sie Individuen mit kleinem Horizont – wie so viele in der Welt unserer Tage.

Unkatholische Katholiken haben keine Ahnung von der Geschichte ihres Glaubens. Wie die meisten Amerikaner sind auch sie in ihrem Denken geschichtslos. Wenn sie ein Geschichtsempfinden haben, ist es wahrscheinlich begrenzt. Sie glauben, daß die Vergangenheit der Gegenwart sehr ähnlich gewesen ist – oder das, was sie von der Vergangenheit wissen, ist sehr ungenau und bruchstückhaft. Ihre katholische Sicht ist daher nicht wirklich allumfassend, sondern recht beschränkt. Sie halten sich für die Vertreter einer geschichtlichen Tradition, aber ihr Schatten besteht darin, daß sie sie ungeschichtlich sehen. Allenfalls sind sie sich neuer Strömungen bewußt, die sie aber fälschlich für die große katholische Tradition halten.

Unkatholische Katholiken haben keinen Gemeinschaftssinn. Wie die meisten Menschen der Moderne, sind sie Individualisten. Sie denken zuerst an sich und dann erst an die anderen. Sie denken zuerst an ihre eigene Pfarrei, an ihre eigene Stadt, an ihr eigenes Land und dann erst an die anderen. Der Beweggrund ihres Handelns ist nicht zuerst und vor allem das Gemeinwohl. Wenn sie Anschluß an eine Gemeinschaft suchen, wollen sie meistens wissen, was diese ihnen zu bieten hat. Sie wollen aus der Gemeinschaft Nutzen ziehen, aber nichts zum Nutzen der Gemeinschaft beitragen. Und doch führen sie die Gemeinschaft im Munde und können die „Pfarr-Familie", die „gottesdienstliche Gemeinde" und das „Gottesvolk" gar nicht genug loben. Ihre Worte verhüllen den dunklen Sachverhalt, daß die meisten Katholiken individualistisch geprägt sind. Sie führen ein Leben für sich allein und machen sich keine Gedanken über die Einsamkeit ihrer Mitmenschen.

Diese drei Faktoren im Schatten des modernen Katholizismus stammen zum großen Teil aus unserem westlichen Erbe. Der westlichen Geisteshaltung geht es, wie wir im ersten Kapitel gesehen haben, eher um Praxis als um Weisheit. Das westliche Bewußtsein umfaßt immer nur die jüngste Vergangenheit und bedient sich ihrer zur Bewältigung der unmittelbaren Zukunft. Geschichtsorientiert ist es also weder in der einen noch in der anderen Richtung. Die westliche Gesellschaft ist seit dem sechzehnten Jahrhundert individualistisch, also weder gemeinschafts- noch umweltorientiert.

Der Fehler, den wir begehen, wenn wir die pragmatische und individualistische Religion der Neuzeit übernehmen, besteht darin, daß wir unsere eigene Tradition verlieren. Wir nennen uns Katholiken, sind aber nicht wirklich katholisch, nicht wirklich universal an Seele und Geist. Unsere Kritiker können das auf den ersten Blick sehen, wir aber sind blind dafür. Unsere Kleinkariertheit ist eine Beleidigung für den Katholizismus, und unser Provinzialismus bringt die katholische Kirche unverdient in Verruf. Wir sind keine authentischen Vertreter unseres angestammten Glaubens, und deshalb können Außenseiter auch seine Großartigkeit nicht sehen. Wir leben unseren eigenen Glauben nicht wirklich, und deshalb können nicht einmal unsere Kinder ihn entdecken. Der überlieferte Glaube steht in Gefahr, verloren zu gehen.

## Nationalkirchlicher Katholizismus

Manches, was als Katholizismus daherkommt, ist eigentlich eine Art von Nationalkirchentum. Als solches ist es nur dem Namen nach katholisch und christlich. Es ist die Religion eines Volksstammes oder eines Staates: Wenn man die Stammeszugehörigkeit besitzt, übernimmt man auch die Religion, weil man in sie hineingeboren wird. Man entscheidet sich ebenso wenig dafür, Katholik zu sein, wie dafür, Italiener oder Franzose, Spanier oder Portugiese, Ire oder Deutscher, Slowake oder Pole oder Angehöriger sonst einer Nation zu sein, die überwiegend katholisch ist.

Für viele Menschen und lange Zeit hindurch ist der nationalkirchliche Katholizismus etwas Gutes gewesen. Wenn nicht viel Gutes an ihm gewesen wäre, hätte er sich nicht so lange gehalten. Als die Völker Europas zum Christentum bekehrt wurden, ist das Evangelium in manch neuen Heimatboden verpflanzt worden. Im großen und ganzen kann man sagen, daß der Boden, in dem das Christentum Wurzeln geschlagen hat, die westliche Kultur, und die Religion, die sich zur Blüte entfaltet hat, das Christentum westlicher Prägung oder der europäische Katholizismus gewesen ist. Aber in ganz Europa hat es viele Spielarten der westlichen Kultur gegeben. Es war die Vielfalt der Nationalkulturen,

die sich nach dem Ende des Mittelalters zu den neuzeit-
lichen Nationen entwickelt haben, die wir heute kennen.

Als diese Völker die erste Bekanntschaft mit dem
Christentum gemacht hatten, haben sie natürlich das
Evangelium nach ihrer Fassungskraft verstanden. Sie
waren nach Auffassung der Römer „Barbaren": roh und
ungebildet, wild und grausam. Sie lagen ständig miteinander im Krieg. Das Christentum hat ihre barbarischen
Instinkte gezähmt. Es hat ihr sittliches Niveau geho-
ben. Es hat ihrem Leben einen tieferen Sinn gegeben
und ihren Horizont erweitert. Das Christentum hat das
mittelalterliche Europa unter dem Dach einer gemeinsamen Religion und eines gemeinsamen Sittengesetzes
geeint.

Wie zu erwarten war, beschränkte sich das Bibelver-
ständnis der einfachen Leute auf das Elementarste.
Vom Alten Testament haben sich ihnen die Geschichten von Adam und Eva, von Noah und der Sintflut, von
Mose und dem brennenden Dornbusch, von David und
Goliat eingeprägt. Im Neuen Testament haben sie stau-
nend bewundert, wie Jesus in einem Stall geboren wird,
wie er Kranke heilt und Sündern vergibt, wie er übers
Wasser geht und den Sturm stillt, wie er am Kreuz sein
Blut vergießt und glorreich aufersteht. Diese biblischen
Szenen hat man immer wieder in den Buntglasfenstern
der großen mittelalterlichen Dome dargestellt. Die Be-
gebenheiten der Heilsgeschichte sind ins religiöse Erbe
dieser Menschen eingegangen.

Das einfache Volk hat in seinem jeweiligen Brauchtum eigenständig ausgedrückt, wie es das Evangelium
sah. In Italien hat man die Geburt Jesu in Krippensze-
nen dargestellt. In Spanien hat man das Leiden Christi
in Passionsprozessionen szenisch nachgespielt. In vielen Teilen Europas hat man die biblischen Geschichten

als Mysterienspiele aufgeführt. Der Heiligen hat man an ihren Lokalfesten glanzvoll gedacht. Durch solche Feiern ist die jüdisch-christliche Tradition in vielfältigem Brauchtum lebendig geblieben und hat im Kulturgut der vielen verschiedenen europäischen Völker ihren Ausdruck gefunden.

Auch die umgekehrte Entwicklung ist vorgekommen: Volksbräuche sind in das Christentum eingegangen. Der Christbaum und der Adventskranz sind den heidnischen Winterfesten Nordeuropas entlehnt und das Osterei und der Hase aus den heidnischen Frühlingsriten Süd- und Osteuropas importiert worden. Man hat diese und andere Symbole christlich gedeutet; ihre Verwurzelung im Volksbrauchtum haben sie aber beibehalten. Die Menschen haben sich in den Formen ihres eigenen Volkstums zum Christentum bekannt.

Mit der Zeit hat sich der christliche Überlieferungsstrang so sehr mit dem Volksbrauchtum verflochten, daß man beides nicht mehr auseinanderhalten konnte. Das Christentum hat sich mit dem Volkstum vermischt – besser gesagt, mit dem Volkstum einer ganzen Reihe von Ländern. Jedes Land und jede Volksgruppe besaßen ihr eigenes Sonderbrauchtum, mit dem sie ihren Glauben zum Ausdruck brachten und feierten. Alle haben sie ihr je eigenes Volkstum mit dem Christentum gleichgesetzt. Wenn sie sich als Volk bedroht fühlten, schöpften sie Kraft aus ihrem Glauben. Wenn ihr Land angegriffen wurde, waren sie sicher, daß Gott auf ihrer Seite stand. Wenn sie in die Fremde auswanderten, fanden sie Zusammenhalt in ihrer Kirche.

Diese Art des nationalkirchlichen Christentums hat allerdings auch ihre dunkle Seite. Man trifft sie sowohl im Protestantismus als auch im Katholizismus an, im britischen Anglikanertum, im deutschen Luthertum und im südafrikanischen Calvinismus. Man trifft sie an in der russisch- und in der griechisch-orthodoxen Kirche, bei den Southern Baptists und in vielen fundamentalistischen Kirchen. Nationalkirchlichkeit ist nicht typisch katholisch, sie gibt es vielmehr im Katholizismus ebenso wie in jeder anderen Konfession.

Das nationalkirchliche Christentum wirft drei dunkle Schatten auf die Welt, in der wir leben: Es verbleibt im Äußerlichen, ist selbstgerecht und letztlich nur dem Namen nach christlich.

Dem Nationalkirchentum einschließlich seiner katholischen Form geht es mehr um Nebensächlichkeiten als um die Hauptsache. Es hält sich eher bei Traditionen auf anstatt auf die *große* Tradition zu achten. Es legt größeren Wert auf äußere Observanz als auf innere Bekehrung. Der Widerstand gegen Veränderungen in der Kirche in den siebziger Jahren hat sich vom Kummer um den Verlust vieler sichtbarer Verzierungen des Katholizismus genährt: Heiligenfiguren in den Kirchen, Novenen und Andachtsübungen, Christophorus-Medaillen und dergleichen. Zugleich stammte der Jubel über eben diese Veränderungen aus dem Glauben, die Kirche bräuchte ein zeitgemäßeres Aussehen – vielleicht sogar ein „amerikanischeres" Aussehen.

Viele haben gemeint, die Veränderungen an der Oberfläche seien Symptome für tiefere Veränderungen im geistlichen Leben der amerikanischen Katholiken. Tatsächlich sind diese tieferen Veränderungen aber nicht eingetreten, wenigstens nicht in großem Maßstab.

Das kann man z. B. an Verhaltensgegensätzen bei Laien und Hierarchie ablesen. In den achtziger Jahren haben die amerikanischen Bischöfe und Papst Johannes Paul II. zu Veränderungen in der Wehr- und Wirtschaftspolitik aufgerufen, doch die katholische Laienschaft hat sie im großen und ganzen ignoriert. Anderseits haben die Laien Veränderungen in der Amtsstruktur der

Kirche verlangt, aber die Hierarchie hat sich zum größten Teil gewehrt. Es ist viel leichter, das Erscheinungsbild des Katholizismus umzumodeln als Herzen und Gesinnungen zu bekehren. Doch die Bekehrung ist beim Christentum die Hauptsache. Die Bekehrung – vom Kriegführen zum Friedenstiften, vom Konsum zum Teilen, vom diktatorischen Befehlen zum Zusammenarbeiten – ist es, worum es im Evangelium Jesu eigentlich geht.

Nationalkirchlicher Katholizismus kann sich gegen die Bekehrung hartnäckig sträuben, da er selbstgerecht ist. Es ist noch nicht lange her, daß bei uns französische und deutsche Katholiken für irische Katholiken nur Verachtung übrig hatten, und diese wiederum nichts mit italienischen Katholiken und sonstigen Einwanderern aus Süd- und Osteuropa zu tun haben wollten. Wenn Katholiken in Amerika in der Lokalpolitik an die Macht kamen, wie es verschiedenen Nationalitäten in Städten gelungen ist, in denen sie stark vertreten waren, haben sie diese Macht häufig sehr unchristlich zum eigenen Vorteil ausgenutzt. In Ländern, in denen die Katholiken die Mehrheit bilden, wie in Lateinamerika, hält heute die Nationalkirche oft an ihren Privilegien und an ihren frommen Praktiken fest, während sie das krasse Unrecht ringsum ignoriert.

Wie der Nationalismus legitimiert sich auch das nationalkirchliche Christentum durch seine Identifizierung mit denen, die an der Macht sind. Wenn diejenigen, die an der Macht sind, die Mehrheit bilden, ist das besonders leicht. Die Mehrheit vertritt ganz bestimmte Ansichten, und da nur sehr wenige etwas dagegen einwenden, scheint es so, als seien ihre Ansichten zweifellos richtig. Die Mehrheit kann Entscheidungen zu ihren eigenen Gunsten treffen, und obgleich diese Entscheidungen einer Minderheit schaden könnten, kann die Mehrheit diese überstimmen. Infolgedessen wird die Ansicht der Mehrheit nie ernstlich in Frage gestellt. Sie ist offenbar richtig, gerecht und gut. Sie ist schon allein dadurch legitimiert, daß jedermann von ihr überzeugt zu sein scheint. Sie legitimiert sich selbst und ist selbstgerecht.

Tatsächlich aber kann die Ansicht der Mehrheit sehr unfair und sehr ungerecht sein. Sie kann Zurücksetzung auf Grund von Rasse, Religion, Geschlecht und Alter zur Dauerpraxis machen. Sie kann unfaire Arbeitsverhältnisse und ungerechte Handelsabsprachen durchgehen lassen. Sie kann sich gegen Veränderungen sperren, die es denen, die nicht an der Macht sind, ermöglichen würden, eine bessere Schuldbildung, eine menschenwürdige Wohnung, den benötigten Arbeitsplatz und ein Minimum an Gesundheitsfürsorge zu erlangen. Doch weil die Mehrheit sich darum nicht schert, passiert nichts.

Wenn die Mehrheit aus Christen besteht, scheint die Ansicht der Mehrheit christlich zu sein. Da sie sich selbst legitimiert, fragt niemand danach, ob das auch die Ansicht Christi ist. Da sie selbstgerecht ist, fragt niemand danach, ob sie auch nach den Maßstäben des Evangeliums richtig ist. Das Evangelium wird mit der herrschenden Kultur und Gesellschaft gleichgesetzt, während das Evangelium doch einen Gegenentwurf von Kultur und Gesellschaft ausdrückt. Im konventionellen Christentum und im nationalkirchlichen Katholizismus sieht man das Evangelium nicht für das an, was es eigentlich ist, und lebt daher auch nicht nach der Lehre Jesu. Man lebt nach den gesellschaftsüblichen Normen, nennt sie aber christlich.

Infolgedessen ist der nationalkirchliche Katholizismus nur dem Namen nach christlich. Seine Anhänger sind von Geburt katholisch, aber nur dem Namen nach

Christen. Sie nennen sich katholisch, leben aber nicht so, wie es ihrer christlichen Berufung entspricht. Sie gehören zur katholischen Kirche, leben aber eigentlich nicht in der Nachfolge Jesu. Jesus hat den Sündern vergeben, sie aber fordern strenge Strafen für Verbrecher. Jesus hat gesagt: „Liebt eure Feinde", sie aber wollen raffiniertere Waffensysteme. Jesus hat das Reich Gottes ausgerufen, sie aber predigen nationalen Egoismus. Jesus hat gesagt, daß es selig ist, arm zu sein, sie aber wollen reich und glücklich sein. Die Liste der Gegensätze zwischen dem Evangelium Jesu und der Lebensweise der meisten Katholiken könnte man lange fortsetzen.

Ehrlicherweise muß gesagt werden: Die Schuld liegt nicht beim einzelnen Katholiken. Sie liegt beim nationalkirchlichen Katholizismus. Die meisten Katholiken sind gute Menschen, die sich Mühe geben, Christen zu sein. Doch die Nationalkirche, in der sie aufgewachsen sind, hat ihnen anstatt der jüdisch-christlichen Überlieferung katholisches Gewohnheitschristentum beigebracht. Sie hat sie in Religion unterwiesen statt im Evangelium. Sie hat sie gelehrt, lieber zur Sonntagsmesse zu gehen anstatt Gemeinschaft zu bilden. Sie hat sie gelehrt, lieber auf den Klerus zu hören als die Heilige Schrift zu lesen. Sie hat sie gelehrt, lieber die Gebote zu halten als die Seligpreisungen zu leben. Sie hat sie gelehrt, sich eher über sexuelle Verfehlungen Gedanken zu machen als die Übel von Macht und Reichtum in Frage zu stellen.

In Dostojewskis Roman „Die Brüder Karamasow" steht eine berühmte Geschichte: Jesus kehrt im Mittelalter auf die Erde zurück, wird aber prompt vom Großinquisitor festgenommen und zum Verhör geladen. Die Anklage lautet, er verleite das Volk zu dem Irrtum, Liebe sei wichtiger als Gehorsam, Vergebung sei wichtiger als der Empfang des Bußsakramentes, das Reich

Gottes sei wichtiger als die Kirche. Der Inquisitor vermutet ganz richtig, wer da wirklich vor ihm steht, aber er möchte verhüten, daß dieser Mann den nationalkirchlichen Katholizismus im mittelalterlichen Spanien aus dem Gleis wirft. Schließlich droht er Christus mit der Todesstrafe, wenn er die Kirche nicht in Ruhe läßt.

Man fragt sich, ob es Jesus heute ähnlich erginge, wenn er wiederkäme und den nationalkirchlichen Katholizismus im modernen Amerika in Frage stellen würde.

## Der institutionelle Katholizismus

Wenn es überhaupt ein Wort zur Charakterisierung der katholischen Kirche gibt, ist es das Wort *Institution*. Schon jede einzelne unserer Pfarreien ist eine Institution mit Verwaltung und Mitarbeiterstab, Veranstaltungen und Finanzierungen, Gebäuden und Gelände. Es gibt eine Fülle von katholischen Institutionen: Schulen und Seminare, Krankenhäuser und Sozialwerke, Klöster und Exerzitienhäuser. Der Aufbau der katholischen Kirche ist in hohem Maß institutionalisiert: Vom Vatikan mit seinen weltumspannenden Sekretariaten bis zum Bistum mit seinen vielen Behörden und zum Orden mit seinen vielen Provinzen.

Die Institutionalisierung hat ihre positive Seite. Wenn man etwas nur *einmal* tun will, braucht man es nur zu tun. Doch wenn man eine Aktion immer wieder durchführen will, muß man sie irgendwie institutionalisieren. Man muß einen festen Rahmen schaffen, der garantiert, daß die Sache nicht nur heute oder dieses Jahr klappt, sondern auch morgen und nächstes und übernächstes Jahr. Das menschliche Leben würde chaotisch, wenn es keine Institutionen gäbe. Es wäre so, als müßte man tagaus, tagein das Rad wieder neu erfinden.

Das Christentum hat schon ganz zu Anfang seiner Geschichte Institutionen geschaffen. Ursprünglich hatten die Apostel keinen festen Aktionsplan. Sie sind am Pfingsttag umgehend aus dem Obergemach aufgebrochen, haben mit ihrer Predigt begonnen, Jesus als den Messias verkündet und die Menschen zur Umkehr aufgerufen. Sie haben Menschen getauft und Gemeinden gegründet, sind in den Häusern zur gemeinsamen Feier des Herrenmahls zusammengekommen und haben in den Synagogen, oder wo immer sonst man ihnen Zusammenkünfte erlaubte, gebetet. Missionare wie der heilige Paulus sind in alle Welt gezogen, um die Kunde von Jesus und vom Kommen des Gottesreiches zu verbreiten.

Doch sehr bald haben sich im Gemeindeleben gewisse Rhythmen und Strukturen herausgebildet. Die Christen haben sich regelmäßig am ersten Wochentag, dem Sonntag, versammelt, um die Auferstehung zu feiern und Gott dankzusagen, der Jesus gesandt hatte. Männer und Frauen wurden eingesetzt, um für die Armen, die Witwen und die Waisen zu sorgen. Man hat Älteste ausgewählt, die über die Ortsgemeinden wachen, dem Gottesdienst vorstehen und die Lehre der Apostel reinhalten sollten. Man kann das sogar schon im Neuen Testament, in der Apostelgeschichte und in vielen Apostelbriefen nachlesen. Die Kirche war dabei, die Institutionen zu schaffen, die man brauchte, um den Bedürfnissen der Gemeinde zu entsprechen und um der Welt die Frohbotschaft zu bringen.

Mit der Zeit führten die Regelung des Gemeindelebens und der Missionstätigkeit zur Bekehrung der ganzen damals bekannten Welt, des römischen Imperiums. Als das Römerreich unter dem Ansturm der Barbaren zusammenbrach, gingen seine Verwaltungsinstitutionen unter. Die einzigen Institutionen, die überlebten, waren kirchlicher Art: Pfarreien, Bistümer und Klöster. Diese Institutionen haben die Hinterlassenschaft der römischen Zivilisation und der westlichen Kultur gerettet, außerdem die Botschaft des Evangeliums und die jüdisch-christliche Tradition. Die Kirche hat durch ihre Institutionen die wilden Völkerstämme Europas zivilisiert und christianisiert, und allmählich ist eine neue Kultur entstanden, die Kultur des christlichen Mittelalters.

Wären die christlichen Institutionen und die Institution „römische Kirche" selbst nicht gewesen, sähen die Geschichte und die Welt von heute ganz anders aus. Die Institution Kirche hat sich auf Millionen von Menschen positiv ausgewirkt – und das jahrhundertelang.

Aber die Institutionalisierung hat auch ihre negative Seite. Institutionen entwickeln eine Eigendynamik. Sie sind zählebig und der Veränderung abhold. Sie schaffen Strukturen, die stärker sind als die Menschen, die in ihnen ihre Funktionen ausüben. Aber gerade diese Stärke ist ihre Schwäche. Ihre Lichtseite hat auch eine Schattenseite.

Die institutionellen Strukturen des römischen Katholizismus sind, wie wir im 1. Kapitel schon festgestellt haben, abendländisch geprägt. Das heißt, sie sind hierarchisch und autoritär. Sie sind wie Pyramiden aufgebaut. Die Befehle kommen von der Spitze und sikkern durch eine Reihe von Schichten, bis sie die Basis erreichen. Die Gesellschaft gliedert sich in Führer und Geführte, Lehrer und Lernende. Die kirchliche Gesellschaft gliedert sich in Hirten und Herde, Klerus und Laien.

Die Stärke dieser institutionellen Struktur ist ihre Fähigkeit, Gemeinschaften und Verbände ins Leben zu

rufen und zu erhalten. Wo Menschen Autorität anerkennen, sind sie bereit, ihre Privatwünsche dem Gemeinwohl unterzuordnen. Doch nur zu oft unterwerfen
Menschen in frommen Institutionen ihren Verstand
und ihre Tatkraft dem Willen derer, die in der Hierarchie ganz oben rangieren, und werden dabei kraftlos
und passiv. Sie tun nichts, was sie nicht tun müssen. Sie
überlassen das Denken anderen. Sie begnügen sich mit
einem Minimum an Moralität statt nach einem Maxi-
mum an Güte zu streben.

Leitung hat in der Kirche ihren Stellenwert. Im Lu-
kas-Evangelium gibt es einen Passus, in dem Jesus an-
kündigt, daß Petrus ihn verleugnen wird, und dann sagt
Jesus Petrus, was er später von ihm erwartet: „Simon,
Simon, der Satan hat verlangt, daß er euch wie Weizen
sieben darf. Ich aber habe für dich gebetet, daß dein
Glaube nicht erlischt. Und wenn du dich wieder bekehrt hast, dann stärke deine Brüder" (Lk 22,31 f).

Die Rolle der Kirchenführung ist es, die Glieder der
Kirche zu stärken. Doch allzuoft haben die Kirchenfüh-
rer in der Vergangenheit das Kirchenvolk geschwächt.
Sie haben ihren eigenen Glauben mit dem Glauben der
Institution gleichgesetzt und die Menschen angewiesen, einfach zu glauben, was die Institution sagt: beten,
zahlen und gehorchen. Die Leute haben gehorcht, aber
sind selbst nicht zu einem erwachsenen Glauben her-
angereift.

Das ist die Schwäche einer starken Institution. Die
Kirche hat sich auf sehr autoritäre Weise behauptet und
verewigt und in den Menschen ein Gefühl von Stärke
entstehen lassen kraft ihrer Größe, ihrer Statistiken
und ihrer Beständigkeit. Sie hat ihnen aber keine geistliche Kraft gegeben. Sie hat sie nicht zur Gotteserfahrung eingeladen oder sie aufgerufen, ein persönliches
Verhältnis zu Jesus anzuknüpfen. Sie hat sie nicht auf-

gefordert, Jünger Christi zu werden und dem Evangelium zu folgen, sondern nur, dem Klerus zu folgen. Sie
hat ihnen keine ethische Vision vermittelt, die weiter
gereicht hatte als das Halten der Gebote und das Vermeiden von Unkeuschheit. Sie hat sie nicht ermutigt,
die Verantwortung für moralische Entscheidungen oder
mündige Verantwortung für die Umgestaltung der Welt
zum Gottesreich zu übernehmen. Unter dieser paterna-
listischen Bevormundung sind der religiöse Glaube und
das sittliche Gewissen der meisten Katholiken kind-
lich und passiv geblieben.

Infolgedessen stehen wir heute in der Kirche vor
einer Krise des Glaubens und der Moral. Die Hierarchie
schreibt den Menschen autoritär vor, was sie glauben
und wie sie sich verhalten sollen, aber viele Katholiken
widersetzen sich. Manchmal geschieht das, weil sie zu
den Gebildeten gehören und der Ansicht sind, daß sie
auch bei den Entscheidungen mitreden sollten, die man
in der Kirche trifft, ob diese Entscheidungen nun aus
dem Pfarrhaus, aus dem bischöflichen Ordinariat oder
aus dem Vatikan kommen. Manchmal geschieht es aber
auch, weil sie zwar möchten, daß die Hierarchie ihnen
sagt, was sie tun sollen, die Hierarchie aber nicht das
sagt, was sie hören wollen. Ob so oder so, sie sind wü-
tend, fühlen sich vor den Kopf gestoßen und im Stich
gelassen. Die Krise ist eine Autoritätskrise.

Autorität hat ihren Stellenwert in der Kirche. Im
Matthäus-Evangelium gibt es einen Abschnitt, der den
Katholiken immer sehr wichtig gewesen ist, weil er den
Glauben und die Autorität des Apostelfürsten Petrus
bezeugt. Auf das Glaubensbekenntnis des Petrus hin,
daß Jesus der Christus ist, antwortet Jesus seinerseits:
„Selig bist du, Simon Barjona; denn nicht Fleisch und
Blut haben dir das offenbart, sondern mein Vater im
Himmel. Ich aber sage dir: Du bist Petrus, und auf die-

sen Felsen werde ich meine Kirche bauen, und die Mächte der Unterwelt werden sie nicht überwältigen" (Mt 16,17 f).

Die Rolle der Autorität in der Kirche ist es, Fundament zu sein, auf dem man Gemeinde baut. Sie soll eine gemeinsame Basis sein, von der aus das Kirchenvolk in die Welt zieht mit der Zusicherung Jesu, daß nichts der Verbreitung des Evangeliums widerstehen kann. Jesus sagt dem Petrus nicht, er sei die Kirche, sondern er solle der Kirche Einheit und Standfestigkeit geben. Doch nur zu oft hat man in der Vergangenheit die Kirche mit dem Papst und der Hierarchie gleichgesetzt. Der Klerus hat in der Kirche alles getan, das Volk hat nichts getan. Es war schwach und passiv. Die Hierarchie hat in der Kirche die Macht übernommen und das Volk ohnmächtig gelassen.

Infolgedessen stehen wir auch hier in der Kirche vor einer Autoritätskrise. Früher hat der Klerus für die Leute alles getan, doch jetzt, da es weniger Priester für die Pfarr- und Krankenhaus-Seelsorge gibt, fühlen viele Menschen sich im Stich gelassen und verloren. Früher war der Klerus anscheinend vollkommen, doch jetzt, da die Menschen erfahren, daß einige Priester Alkohol- oder Sexualprobleme haben, sind viele Menschen aufgebracht und fühlen sich verraten. Sie haben den Klerus so lange auf ein Podest gestellt, daß sie nicht wissen, was sie tun sollen, wenn sie entdecken, daß Priester ebenso menschlich sind wie sie selbst. Man hat ihnen so lange in der Seelsorge gedient, daß sie nicht wissen, wie sie füreinander und für die Priester in ihrer Mitte Seelsorger sein sollen. Die Krise ist auch eine Seelsorgekrise.

Schließlich wird die Autoritätskrise *in* der Kirche zur Krise der Autorität *der* Kirche. Die Kirche ist als Jüngergemeinde dazu berufen, Gegenwart Christi in der Welt zu sein, ein Licht auf hohem Berg, eine Lampe, die im Finstern leuchtet. Wenn aber die Autorität in der Kirche auf den Klerus beschränkt wird, wird die Gesamtautorität der Gläubigen in der Welt gemindert. Der Papst und die Bischöfe sprechen, doch die nichtkatholische Welt braucht nicht auf sie zu hören, denn die Hierarchie ist eine winzige Minderheit. Selbst Katholiken hören häufig nicht hin, sei es, daß sie einverstanden sind und meinen, sie selbst könnten sich mit passivem Nichtstun begnügen, wenn die Hierarchie spricht, oder sei es, daß sie anderer Meinung sind und genau wissen, daß die Hierarchie sie sowieso zu nichts zwingen kann.

Wenn in der Kirche Autorität institutionalisiert wird, wie es seit dem römischen Weltreich geschehen ist, hat sie zwar die Festigkeit und Langlebigkeit, aber zugleich auch die Schwäche einer Herrscherelite. Solange das Volk machtlos war, ist die Macht des Klerus oft zu seinen Gunsten eingetreten. Kirchliche Institutionen mit ihrem Personal aus Priestern und Mönchen dienten den Nöten der Armen und Kranken, der Hilfsbedürftigen und Ungebildeten. Aber die Machtpyramide hat bei den Empfängern der klerikalen Betreuung auch Passivität institutionalisiert. So hatte die Lichtseite auch ihre Schattenseite.

Heute sehen wir die Schattenseite der katholischen Neigung, die Kirche mit ihren Institutionen oder gar mit dem Klerus gleichzusetzen. Katholiken verstehen sich nicht selbst als Kirche. Sie fühlen sich von den Worten Christi nicht angesprochen, sondern meinen, sie gälten nur Priestern und Nonnen. Sie übernehmen keine Verantwortung für die Aufgabe der Kirche in der Welt, sondern überlassen sie statt dessen den immer machtloseren kirchlichen Institutionen.

## *Unbiblischer Katholizismus*

Bis auf wenige Ausnahmen sind Katholiken keine ausgesprochenen Bibel-Leser. Anders als die Protestanten – zumal die Angehörigen evangelikaler oder pfingstlerischer Gruppen – neigen Katholiken dazu, sich zur Vertiefung ihres geistlichen Lebens und ihrer Glaubenserkenntnisse an die Sakramente und die Unterweisung durch die Kirche zu halten.

Dafür gibt es zwei historische Gründe. Einmal hat die Kirche schon lange bestanden, bevor die Bibel fertig vorlag, was dazu geführt hat, daß sie sich viel mehr auf das gesprochene als auf das geschriebene Wort verlassen hat. Obgleich in der Frühzeit die Konvertiten aus dem Judentum die hebräischen heiligen Schriften – das, was wir heute als das Alte Testament bezeichnen – als von Gott inspiriert übernommen hatten, waren Ende des ersten Jahrhunderts die Christen überwiegend Konvertiten aus dem Heidentum, die nichts von der jüdischen Religion und ihren heiligen Schriften gewußt hatten. Im zweiten und dritten Jahrhundert hat man in der Kirche sogar darüber diskutiert, ob Christen die hebräische Heilige Schrift überhaupt übernehmen sollten.

Außerdem müssen wir bedenken, daß die Evangelien und die Briefe – die schließlich in das Neue Testament aufgenommen wurden – erst im ersten Jahrhundert geschrieben wurden. Diese Bücher sind ursprünglich für bestimmte Gemeinden geschrieben worden – z. B. der Brief an die Galater – und wenn man sie auch im zweiten und dritten Jahrhundert in der Kirche weiterzuverbreiten begann, gab es doch noch keine amtliche Liste, die angab, welche Schriften von allen Christen übernommen werden sollten.

Daher konnten erst im vierten Jahrhundert, als das Christentum keine Untergrundbewegung mehr war und die Kirche juristische Körperschaft wurde, Bischöfe aus allen Teilen des römischen Weltreiches zusammenkommen und eine amtliche Liste, einen „Kanon", der heiligen Schriften aufstellen. Damals war es schon üblich geworden, daß man durch das gesprochene Wort von Jesus erfuhr, daß man durch sakramentale Riten in die Kirche aufgenommen wurde und durch die Mitfeier der Sonntagsliturgie und die Predigt zu einem tieferen Glaubensverständnis gelangte. Die Abhängigkeit der Kirche von der mündlichen Glaubensweitergabe war um so stärker, als man Bücher handschriftlich auf Pergament oder Papyrus kopieren mußte, was sie teuer und kostbar gemacht hat.

Der zweite Grund dafür, daß der Katholizismus sich nie besonders auf das geschriebene Wort verlassen hat, bestand darin, daß im Mittelalter die überwiegende Mehrheit der europäischen Bevölkerung des Lesens unkundig war. Im großen und ganzen konnten nur Gelehrte und Kleriker lesen; infolgedessen haben die einfachen Leute ihre Glaubensunterweisung beim Kirchgang und beim Sakramentenempfang erhalten. Wenn sie Glück hatten und in der Stadt wohnten, konnten sich die Menschen die biblischen Geschichten auch auf den Glasmalereien der Domfenster oder als Zuschauer bei den Mysterienspielen auf dem Marktplatz anschauen.

Protestanten haben bisweilen der katholischen Kirche vorgeworfen, sie habe dem einfachen Volk die Heilige Schrift vorenthalten oder die Bibeln in Klöstern unter Verschluß gehalten und an die Kette gelegt. Wenn wir uns aber darauf besinnen, daß man im Mittelalter für eine Bibelhandschrift etwa 500 Pergamenthäute und 10 000 Arbeitsstunden brauchte, können wir sehr wohl verstehen, warum Bibeln rar waren und vor Diebstahl geschützt werden mußten. Die Druckerpresse ist erst Mitte des fünfzehnten Jahrhunderts erfunden worden, aber die von Hand gedruckte Gutenberg-Bibel war immer noch ziemlich teuer. Die protestantischen Reformatoren hätten das Lesen der Bibel nicht so nachdrücklich betonen können, wie sie es getan haben, wenn im sechzehnten Jahrhundert die Zahl der Bücher und die Kenntnis des Lesens und Schreibens nicht zugenommen hätten.

Es ist daher einleuchtend, warum es im Katholizismus nie üblich geworden ist, dem einzelnen das Bibellesen anzuraten. Nach der Reformation hat die Kirche sich davor gescheut, die Gläubigen zum Lesen der Heiligen Schrift anzuhalten, weil die Protestanten sich der Bibel sowohl im internen Streit ihrer Lehrmeinungen wie auch im Streit gegen Rom bedienten, was auch zum Entstehen der zahlreichen Konfessionen beigetragen hat, die es heute gibt. Viele Jahrhunderte lang hat die je eigenständige Schriftauslegung in der Christenheit zu schmerzlicher Spaltung geführt.

Doch abgesehen von historischen Gründen lesen selbst in einer Zeit, da fast jeder täglich etwas liest, nur wenige Katholiken in der Bibel. Sie greifen nicht zur Heiligen Schrift, um ihren angestammten Glauben besser verstehen zu lernen oder ihre Beziehung zu Gott zu vertiefen. Für viele Katholiken ist das Wort Gottes nicht so verbindlich wie eine päpstliche Verlautbarung oder eine Erklärung ihres Bischofs oder ihres Pfarrers. Die Bibel ist anscheinend unwichtig, wenn keine priesterliche Autorität hinter ihr steht. Das ist sicher keine Lichtseite des Katholizismus.

Die Schattenseite des Protestantismus besteht natürlich darin, daß er bisweilen die Bibel zu einer Waffe seiner eigenen dogmatischen Unnachgiebigkeit macht. Fundamentalisten brüsten sich oft damit, nicht an die Lehrautorität des Papstes zu glauben, aber sie können die Bibel zu einem Papst aus Papier machen. Ohne zuzugeben, daß sie ihre ganz persönliche Schriftauslegung vortragen, können evangelikale Prediger ausgewählte Schriftstellen zitieren, um ihren Standpunkt zu beweisen und jeden zu disqualifizieren, der ihnen widerspricht. Sie verschanzen sich hinter der Autorität der Bibel und können dabei ebenso autoritär sein wie jeder römische Kleriker.

Auf der lichteren Seite lesen Protestanten oft in der Bibel, um ihr Alltagsleben an ihr auszurichten. Sie pflegen wöchentliche Bibelstunden oder meditieren über die Heilige Schrift, um ihren Glauben besser zu verstehen und um aus ihr zu lernen, wie man ein besserer Christ werden kann. Sie suchen in der Bibel Weisung, wie sie gute Eltern, ehrliche Geschäftsleute und freundliche Nachbarn werden können.

Der Unterschied zwischen bibeltreuem Protestantismus und bibelfernem Katholizismus zeigt sich in traditionell katholischen Ländern am deutlichsten, wenn protestantische Missionare auftreten. Das evangelische Christentum, das sie predigen, unterscheidet sich gewaltig vom nationalkirchlichen Katholizismus. Mexiko z. B. ist seit seiner Eroberung durch die Spanier überwiegend katholisch gewesen, und in den fünfziger Jahren gab es noch kaum Protestanten. Etwa um diese Zeit hat unter den Armen in Mexiko ein Anthropologe namens Oscar Lewis gelebt und auf der Grundlage dessen, was sie ihm aus ihrem Leben berichtet haben, ein Buch geschrieben. In „Children of Sanchez", mit dem Untertitel „Autobiographie einer mexikanischen Familie", erzählt Lewis die Geschichte eines jungen Mannes namens Manuel, den er befragt hat und der zeit seines Lebens katholisch gewesen war. Manuel hat seine Lage so geschildert:

„Da habe ich begonnen, den Dingen auf den Grund zu gehen, nicht wahr? Jesus hat gesagt: ‚Wie diesen Feigenbaum sollt ihr sie an ihren Früchten erkennen.‘ In den mexikanischen Strafanstalten sind von hundert Gefangenen neunundneunzig katholisch! Und wenn meine Freunde, die Spitzbuben waren, es fertigbrachten, vor einem Diebeszug einer kleinen Heiligenfigur eine Kerze anzuzünden, wenn Dirnen eine Heiligenfigur in ihrem Zimmer hatten und gesegnete Kerzen anzündeten und Gebete verrichteten, um mehr Kundschaft zu bekommen, wenn es im Katholizismus so pervers zugeht, kann das die wahre Religion sein?

Dann begann ich, über die Evangelisten, die Adventisten und die Anglikaner nachzusinnen, die ich kannte. Ja, ich habe noch nie einen von ihnen betrunken auf der Straße liegen sehen, sie haben nie Messer mitgeführt oder geraucht, Rauschgift genommen oder geflucht. Zu Hause hatten sie alles, was sie brauchten, ihre Kinder waren gut gekleidet und wohlgenährt, und sie haben ihre Frauen so behandelt, wie man Menschen behandeln sollte. Sie haben ein gesundes und friedliches Leben geführt. Aber im Katholizismus führen die Menschen ein Leben, na ja, so wie ich es eben geführt habe.

Ich habe meinen Glauben nicht verloren. Ich bin katholisch geblieben, weil ich mich nicht stark genug gefühlt habe, den Geboten zu gehorchen und die strengen Regeln der Evangelisten zu befolgen. Ich würde nicht mehr dem Tabak, dem Glücksspiel oder der Fleischeslust frönen können und, na ja, ich war absolut unfähig, nach Gottes Gesetz zu leben."

Manuels Worte sind eine treffende Schilderung der schlimmsten Folgen des nationalkirchlichen, institutionellen und bibelfernen Katholizismus. Im ersten Kapitel haben wir gesehen, daß eine Lichtseite des Katholisch-Seins in der Freude an der Schöpfung besteht, doch hier sehen wir die ihr entsprechenden Schatten. Die optimistische Einstellung, die uns nahelegt, das Leben zu genießen, kann zu einer sittenlosen Mißachtung christlicher Werte führen. Die sakramentale Auffassung, daß die Welt Offenbarung Gottes ist, kann zu einem Vergessen der Offenbarung Gottes in der Heiligen Schrift führen.

Der bibelferne Katholizismus ist durch den sakramentalen Katholizismus ermöglicht worden. Fünfzehn Jahrhunderte lang sind die Sakramente für die Einführung der Menschen in die Grundlagen des Christentums geradezu unentbehrlich gewesen, und aus zahlreichen Gründen sind sie für die Kirche immer noch lebenswichtig. Wie man aber die Bibel mißbrauchen kann, so auch die Sakramente. Sie können zum Gewohnheitstrott und zu mechanischen Gnadenspendern werden. Sie können zum Ersatz für ein Leben nach dem Wort des Evangeliums werden. Sie können die Gläubigen in einer falschen religiösen Sicherheit wiegen und sie möglicherweise dazu verleiten, jeder echten Bekehrung auszuweichen. Sie können die Gläubigen in einen liturgischen Dämmerschlaf versetzen, statt sie zu einer Begegnung mit Gott zu führen (was sie eigentlich tun sollten).

In einer Kirche, die in rechter Weise sakramental ist, verkünden die Bibel und die Sakramente die gleiche Botschaft, denn die Heilige Schrift ist das Herz des liturgischen Gottesdienstes. Das sehen wir am deutlichsten in der Meßfeier, in der man die Heilige Schrift liest und erklärt und in der der Vollzug der Eucharistie das Gedächtnis des Abendmahles Christi mit seinen Aposteln ist. Dieselbe apostolische Verkündigung, die zur Niederschrift des Neuen Testamentes geführt hat, hat auch zur Einsetzung der Sakramente geführt.

Wenn die Kirche aber pseudo-sakramental ist, wird

sie auch pseudo-biblisch. Dieselbe Gedankenlosigkeit, die zur mechanischen Sakramentsroutine führt, führt zum Vergessen der Heiligen Schrift. Eine Frömmigkeit, die mit äußeren Riten glücklich und zufrieden ist, kommt auch gut ohne Wort Gottes aus, selbst dann, wenn ihr die Bibel zur Verfügung steht. Man sollte daher die Schuld für den bibelfernen Katholizismus nicht bei den Sakramenten suchen, sondern bei ihrem Mißverstehen und Mißbrauch.

## Katholizismus ohne Forderungen

Unser katholisches Erbe ist im Grunde ein weibliches Erbe. Das mag seltsam klingen, aber was die Frömmigkeit und die Einstellung angeht, ist der Katholizismus eher weiblich als männlich. Der weibliche Zug der katholischen Kirche taucht an den merkwürdigsten Stellen auf, zum Beispiel bei der Klerikerkleidung und den Paramenten. Unsere Kirche ist eine der wenigen, in der Männer sich in schimmernde Seide und Spitzen kleiden, wenn sie amtlich aussehen wollen, und Zierhüte aufsetzen, wenn sie öffentliche Funktionen ausüben. In feierlichen Aussagen über die Kirche bezeichnen sie sie lateinisch als *Sancta Mater Ecclesia*, als „heilige Mutter Kirche".

Der weibliche Zug des Katholizismus zeigt sich auch in unserer Marienfrömmigkeit. Man verehrt Maria nicht nur als Mutter Christi, sondern auch als Mutter der Kirche. Sie ist Zuflucht der Schwachen und Hilfe aller Christen. Die Hälfte aller Kathedralen in Europa ist ihr geweiht, und ihr Titel hat immer „Unsere Liebe Frau" gelautet. Sie ist das große Muttersymbol in der katholischen Überlieferung, das Symbol der weiblichen Dimension Gottes.

Der Protestantismus hat die Marienverehrung im großen und ganzen abgelehnt, wenn er Maria auch immer als Mutter Jesu Achtung gezollt hat. Er hat auch das festliche Gepränge der mittelalterlichen Gottesdienste und die reiche Ausschmückung des Kirchenraumes abgeschafft. Anstatt dessen hat er einen viel einfacheren Gottesdienststil und eine viel schlichtere Kirchenausstattung eingeführt und mit der klerikalen Gewandung Schluß gemacht. Die protestantische Haltung dem Leben und dem Christentum gegenüber ist viel männlicher.

Der Katholizismus hat natürlich auch sein männliches Element. Ganz abgesehen von ihren Gewändern, sind es Männer, die in der katholischen Kirche die Regeln aufstellen. Es wäre wünschenswert, daß die Aspekte des Männlichen und des Weiblichen im Katholizismus ein ganzheitliches Gleichgewicht in der Kirche herstellen, aber historisch gesehen hat das männliche Element in den amtlichen Strukturen dominiert. Wie wir im ersten Kapitel festgestellt haben, ist die Kirche in ihrer Organisation dem Entwurf des westlichen Kulturkreises gefolgt, der überwiegend patriarchalisch und hierarchisch war. Die östliche Seite des Christentums, seine matriarchalische und weibliche Seite, hat sich hauptsächlich in der Spiritualität und in der Liturgie der Kirche erhalten. Wie wir in Kürze sehen werden, ist auch die katholische Moral in ihrer Einstellung und in ihrem Verhalten in erheblichem Ausmaß weiblich gewesen.

Wenn wir das männliche und das weibliche Bewußtsein gemäß der Jungschen Psychologie miteinander vergleichen, kann man sie als einander entgegengesetzt definieren. Diese Gegensätze sind stereotyp oder, richtiger ausgedrückt, archetypisch. Sie stehen für die *anima*, die weibliche Seele, und den *animus*, die männliche Seele.

Sie diktieren nicht, wie Frauen die Dinge immer sehen, oder wie Männer sich immer verhalten müssen, sondern sind allgemeine Tendenzen in der Einstellung und im Handeln der meisten Frauen und Männer. Sie sind Archetypen oder generelle Muster des Empfindens und der Auffassung, der Sicht und des Verhaltens. In der typischen Frau ist die *anima* bewußt und vorherrschend. Sie denkt, empfindet und verhält sich „nach Frauenart". Sie besitzt aber auch einen *animus*, der weithin unbewußt ist, sie jedoch befähigt, die männliche Seite ihrer Gesamtpersönlichkeit zu entfalten. Andererseits ist im typischen Mann der *animus* der bewußte und vorherrschende Teil seiner Seele. Doch hat auch er eine unbewußte *anima*, die ihn befähigt, die weibliche Seite seiner Gesamtpersönlichkeit zu entfalten.

Wie wir schon festgestellt haben, ist das katholische Christentum sowohl östlich als auch westlich. Diese kulturellen Unterschiede verlaufen weithin parallel zu den psychologischen Unterschieden zwischen *anima* und *animus*, den Archetypen des Weiblichen und des Männlichen. Die Männer behaupten, Frauen seien unberechenbar, und Europäer behaupten, Chinesen seien undurchschaubar. Hier liegen eigentlich nur zwei Beispiele für eben dieses Phänomen vor: es ist die Unfähigkeit des einen Bewußtseinstyps, den anderen zu verstehen. Nur wenn die Männer ihre weibliche Seite entfalten, können sie die Frauen verstehen und umgekehrt, und nur wenn westliche Menschen sich auf die östliche Kultur ganz einlassen, können sie verstehen, warum Orientalen anders denken und handeln als Europäer.

Historisch gesehen hat der Katholizismus einen westlichen *animus* und eine östliche *anima* gehabt. Das heißt, äußerlich und organisatorisch ist die katholische Kirche männlich, aber im Inneren und spirituell ist die Kirche weiblich. Um dieses hinreichend zu würdigen, müssen wir die Unterschiede zwischen dem männlichen und dem weiblichen Bewußtsein, zwischen den Archetypen des Männlichen und des Weiblichen beschreiben.

Zuallererst ist das männliche Bewußtsein analytisch. Sobald es die Wirklichkeit wahrnimmt, will es die in ihr enthaltenen Elemente bestimmen und einordnen. Die westliche Philosophie hat mit griechischen Denkern begonnen, die zum Wesenskern der Wirklichkeit vorstoßen wollten, um zu verstehen, was die Materie vom Geist, den Menschen vom Tier usw. unterscheidet. Die scholastische Theologie des Mittelalters war berühmt für die vielen Unterscheidungen, die sie ins christliche Denken eingeführt hat: zwischen Substanz und Akzidentien, Gültigkeit und Erlaubtheit usw. Die moderne Naturwissenschaft ist eine Fortsetzung dieser Denkweise, wenn sie alles vom Atom bis zu den Sternen in verschiedene Typen einteilt und die Daten analysiert, die sie aus genauer Beobachtung gewinnt.

Das weibliche Bewußtsein hingegen ist synthetisch. Wenn es die Wirklichkeit wahrnimmt, schaut es eher auf das Ganze als auf die Teile. Es nimmt sie lieber ganz in sich auf und bewundert ihre Schönheit, als daß es sie auseinandernimmt und überlegt, wie sie funktioniert. Es ist die Seele der Kreativität und reicht vom intimen Wissen um das Wachsen neuen Lebens im Leib der Frau bis hin zur Schaffung von Gemeinschaft und zur Verschönerung des Milieus. Das weibliche Bewußtsein inspiriert die Kunst, indem es unterschiedliche Elemente nach Art eines Gedichtes zu neuen ästhetischen Verbindungen zusammensetzt.

Zweitens betrachtet das männliche Bewußtsein die Dinge unter dem Gesichtspunkt von Ordnung und

Rang. Es sieht für alles einen Platz und will alles an seinem Platz haben. Es sucht in einer Befehlshierarchie nach klarer Kompetenz und Zuständigkeit. Es hat eine Vorliebe für Organisation und Struktur. Ob wir auf militärische oder politische Organisationen, Unternehmens- oder Kirchenstrukturen schauen, wir sehen in ihnen ein Spiegelbild des männlichen Archetyps.

Das weibliche Bewußtsein dagegen sieht die Dinge als Ganzes und als Netzwerk von Beziehungen. Die anima nimmt nicht linear, sondern in Zusammenhängen wahr und strahlt dabei vom Mittelpunkt her, der sie selbst ist, zur Peripherie aus. Ihr Modell ist nicht die Hierarchie, sondern das Geflecht; ihr Ideal ist nicht die gegliederte Organisation, sondern die Familie. Die weibliche Seele – ob bei der Frau oder beim Mann – macht unter ihren Kindern keine Rangunterschiede; sie liebt sie alle in gleicher Weise. Sie sieht bei jedem von ihnen die Unterschiede, doch die Unterschiede machen keins wichtiger als das andere.

Drittens läßt sich das männliche Bewußtsein von Macht und Herrschaft faszinieren. Es spielt gern die Verhältnisse gegeneinander aus und auch die Menschen. Natürlich will es immer „oben" und in der Lage sein, aus jeweiligen Konflikten als Gewinner hervorzugehen. Zu gewinnen, ob im Krieg oder in der Arena, in der Wirtschaft oder in der Politik, in der Praxis oder in der Theorie, ist das Allerwichtigste.

Dem weiblichen Bewußtsein ist das Umsorgen und Vereinen ein größeres Anliegen. Zu gewinnen und zu verlieren ist nicht so wichtig wie beisammen zu sein und einander zu akzeptieren. Es gibt eigentlich keine Gewinner oder Verlierer, sondern nur solche, die zum Kreis gehören und solche, die draußen sind. Rechte Beziehung ist wichtiger als Rechthaben; Versöhnung ist wichtiger als Unterwerfung.

Wenn wir in die Geschichte schauen, sehen wir die weibliche Seele des Christentums im Mittelalter am deutlichsten. Mögen die äußeren Strukturen der Kirche auch männlich gewesen sein, das innere Leben der Kirche war sehr weiblich. Der Historiker Henry Adams nennt diesen Lebensabschnitt Europas „das Zeitalter der Jungfrau" im Gegensatz zur heutigen Zeit, die er „das Zeitalter des Dynamos" nennt. Der Dynamo ist eine Maschine zur Stromerzeugung; seine archetypische Funktion besteht in der Erfüllung einer einzigen Aufgabe. Die Jungfrau ist eine Frau, die offen ist für die Zeugung von Leben; ihre archetypische Haltung ist die Empfänglichkeit und die Geduld.

Die mittelalterliche Spiritualität war, wie wir schon festgestellt haben, von der Marienfrömmigkeit oder, wie man es auch genannt hat, vom „Kultus der Jungfrau" geprägt. Die Jungfrau Maria war der geistliche Archetypus der mittelalterlichen Kirche, die in der Not und Bedrängnis der dunklen Zeiten für die Menschen da war, die verschiedenen Stammeskulturen assimiliert, aus ihrer Begegnung mit dem Griechentum und dem Islam neue Erkenntnisse gewonnen und das Leben Europas geduldig gehegt und gepflegt hat, bis es in der Renaissance in die Neuzeit hineingeboren wurde.

Das christliche Mittelalter war auch in seiner Haltung der Welt gegenüber weiblich. Es hat in seinen Mönchs- und Nonnenklöstern Gebet und Kontemplation in Ehren gehalten. Es hatte Gefallen an Spiel und Festlichkeiten und verfügte, daß die Bauern an kirchlichen Feiertagen nicht zu arbeiten brauchten und Heere zu Festzeiten nicht kämpfen sollten. Es hat die Dombaukunst geschaffen und Musik und Theater gefördert. Sakramental erblühte es zu einer Liturgie aus Farbe und Licht, Blumen und Kerzen, Weihrauch und

Prozessionen. Es hat Religion und Kultur in der Synthese der mittelalterlichen Christenheit miteinander verknüpft.

Obgleich die obrigkeitlichen Instanzen im Mittelalter männlich und patriarchalisch waren, war das Verhältnis der Kirche zu ihren Kindern weiblich und mütterlich. Abgesehen von den Fällen, in denen Häretiker und Kritiker die Autorität der Hierarchie herausgefordert haben und streng bestraft worden sind, war die Kirche Sündern gegenüber tolerant und gnädig. Die Gläubigen konnten ungeschoren fast alles anstellen, vorausgesetzt, sie beichteten ihre Sünden und versprachen, sie nicht wieder zu tun. Und wenn sie rückfällig wurden, konnten sie immer noch zur Beichte gehen, und die Kirche hat ihnen durch den Priester immer wieder vergeben. Das war gemeint, als wir oben sagten, die katholische Haltung dem Sittengesetz gegenüber sei dem Archetypus nach weiblich.

Die weibliche Moral richtet sich nicht nach starren Regeln oder Verhaltensnormen, sondern nach der fließenden Dynamik der Beziehungen. Ihr Ideal sind eher die offenen Arme der Familie als die Exklusivität der Clique oder des Klubs. Ihr Herzensanliegen ist der Zusammenhalt, und sie verlangt nur, daß die Menschen ein Minimum an Verhaltensnormen beobachten, um die Gemeinschaft intakt zu halten. Wenn wir einen Blick auf die Reaktion der Kirche gegenüber spalterischen Häretikern einerseits und gegenüber privaten Sündern andererseits werfen, können wir das deutlich sehen. Die Kirche hat Sittenlosigkeit und Korruption aller Art toleriert, aber wenn sie ihre Einheit bedroht glaubte, hat sie mit dem Bann reagiert.

Die Schattenseite der weiblichen Moral ist ihre mangelnde Bereitschaft, strenge sittliche Anforderungen zu stellen. Sie ermahnt die Gläubigen zum Guten und lädt sie ein zur Heiligkeit, aber sie besteht nicht auf der hohen ethischen Norm des Evangeliums. Wie eine Mutter möchte die Kirche, daß ihre Kinder sich immer gut aufführen, wenn sie es aber nicht tun, wirft sie sie nicht aus dem Haus. Der Katholizismus ist meistens sehr nachsichtig. Im zitierten Abschnitt aus den *Children of Sanchez* zeigt Manuel uns die Schattenseite des mütterlichen Bewahrungsstrebens. Die Gläubigen können beinahe leben, wie sie wollen, und immer noch katholisch sein.

Niemand kann dem Katholizismus vorwerfen, er sei eine enge Sekte. Er umfaßt Heilige und Sünder, Liberale und Konservative, Personalisten und Pragmatiker. Seine Toleranz der Vielfalt gegenüber ist allerdings auch seine Schwäche. Obgleich er leicht Gemeinschaften zuwege bringt, die Menschen aller Art versammeln, kann er keine Gruppen radikaler Jünger bilden. Er kann solche Gruppen in der Kirche dulden – und es hat schon viele davon gegeben –, aber er bildet von sich aus keine solchen Gruppen und ruft auch nicht die ganze Kirche zu einem radikalen Leben nach dem Evangelium auf.

Das Evangelium radikal zu leben, Christi Aufforderung, alles aufzugeben und ihm nachzufolgen, hat etwas sehr Verlockendes. Sicher ist es das, was Jesus von seinen Hörern verlangt hat, und seine ersten Jünger haben so auf sein Wort reagiert. Wenn wir von Ordensgründern hören oder Menschen kennenlernen, die sich restlos für das Gottesreich einsetzen, bewundern wir sie instinktiv. Wir sehen auf einmal, daß das es ist, worum es im Christentum letztlich geht, und daß dieser Lebensstil etwas ergreifend Schönes an sich hat. Wir wissen, daß wir etwas Wunderbares verpassen, wenn wir unser Leben nicht Christus ausliefern, aber als Katholiken hören wir nicht, daß die Kirche das von uns verlangt.

Wenn das autoritäre Wesen die Schattenseite des

Männlichen am Katholizismus ist, so ist die Schattenseite seines weiblichen Elements seine Toleranz gegenüber Mittelmäßigkeit und Sünde. Bis hin zur institutionellen Ebene hat die Kirche die Augen vor Korruption
zugedrückt, Krieg zugelassen, mit Heuchelei gemeinsame Sache gemacht und sich Regierungen gebeugt, die
Christus diametral entgegenstanden – oft mit der Be-
gründung, Frieden und Einheit um jeden Preis zu wahren. Wenn wir eine Bilanz an menschlichem Leid und
an Untreue dem Evangelium gegenüber aufstellen,
kann uns leicht die Frage kommen, ob der Preis nicht zu
hoch ist.

Doch wenn wir die andere Möglichkeit bedenken,
könnten wir uns das vielleicht noch einmal überlegen.
Keine Institution ist vollkommen. Jede Gemeinschaft
hat ihre Licht- und Schattenseite. Wenn der Geist des
Katholizismus nicht vom Archetypus her weiblich
wäre, wären sowohl seine Strukturen als auch seine
Psychologie völlig männlich. Er wäre eine völlig patriarchalische und unerbittlich fordernde Kirche, und
seine Schlagschatten würden nicht gemildert durch die
sanfte Glut des Weiblichen.

## Konsumkatholizismus

Die archetypische Frauengestalt weiß sowohl als Jungfrau wie als Mutter, daß der Weg zur tiefsten Freude
durch den Schmerz führt und der Weg zum größten Ge-
winn durch den Verlust. Durch Wehen hindurch bringt
sie das Leben zur Welt, durch geduldiges Verschenken
empfängt sie mehr als sie aufgibt, durch den Trennungs-
schmerz entläßt sie ihre Kinder in das Erwachsensein.
Der Geist der Frau begreift unter Schmerzen und doch
freudig das Paradox von Tod und Neugeburt. Die Spiri-

tualität der Frau ist beschlossen im Geheimnis von Kreuz und Auferstehung.

Der Katholizismus hat sich als widerstandsfähig erwiesen kraft seiner Ganzheit, die Weiblichkeit und Männlichkeit in fruchtbarer Spannung in sich vereint. Wenn er sich nicht hätte beugen und zu Zugeständnissen bereitfinden können, nicht mit offenen Armen die Menschen um sich hätte sammeln können, wenn er nicht um der Einheit willen hätte Opfer bringen und um der Versöhnung willen hätte vergeben können, wäre es ihm nicht anders ergangen als einer Sekte und dem römischen Weltreich: Er hätte sich für kurze Zeit mit Gewalt behauptet, und seine Trümmer wären ins Grab der Geschichte gesunken. Wie die kraftvolle Negergroßmutter im Schauspiel „A Raisin in the Sun" ist die Kirche beides gewesen: sowohl empfänglich als auch entschieden, sowohl fürsorglich als auch mächtig. Von altersher war sie so weise, den Eifer des Jüngers mit der Geduld des Lehrers zu verbinden.

Doch heutzutage läuft der Katholizismus Gefahr, seine Seele zu verlieren. Das Zweite Vatikanische Konzil hat vieles abgeschafft, was in der Kirche noch mittelalterlich war, doch damit ist auch die weibliche Spiritualität der katholischen Überlieferung zum großen Teil geschwunden. Oberflächlich können wir Veränderungen wie den Rückgang der Marienverehrung und den allmählichen Ersatz der klerikalen Gewänder durch Zivilkleidung feststellen. Doch unter der Oberfläche sind tiefere und weniger augenfällige Veränderungen im Gang.

Hier geht es um den Geist. Er umfaßt viele Bereiche des Lebens, sicher mehr als wir hier zur Sprache bringen können. Wir wollen uns um der Kürze willen auf das geistige, das symbolisch-sakramentale und das Gebetsleben der Kirche von heute beschränken.

Der Katholizismus hält sich mit Recht sein geistiges Erbe zugute. Die Kirchenväter des Altertums – Athanasius, Johannes Chrysostomus, Augustinus und viele mehr – meist Bischöfe, die die größten Geister ihrer Zeit waren, haben theologische und katechetische Schriften verfaßt, Liturgien geschaffen und in aller Öffentlichkeit über Fragen des Glaubens und der Moral debattiert. Die großen europäischen Universitäten – in Oxford, Paris, Bologna und andernorts – sind aus Klöstern und Domschulen entstanden, die das Bildungsgut der klassischen Antike erhalten und in einem christlichen Kontext mit neuem Leben erfüllt haben. Die geistige Tradition des Katholizismus hat das Bildungsideal der „sieben freien Künste" vom Mittelalter an bis in die Neuzeit bewahrt, das Ideal einer Bildung, die den Geist frei macht für die Kunst des Lebens und so die Grundlage für das Verständnis der Menschenwelt und des materiellen Universums legt, in dem wir leben.

Eine neuere Untersuchung über amerikanische Universitäten ist zu dem Ergebnis gekommen, daß sich von allen Spitzeninstituten für höhere Studien in den Vereinigten Staaten kein einziges an einer katholischen Universität befindet, nicht einmal in den Bereichen Philosophie und Theologie, die einmal katholische Domänen waren. An einem katholischen Durchschnitts-Kolleg benötigt man zum Abschluß keine acht oder zwölf Semester Philosophie und Theologie mehr wie noch vor einer Generation, sondern höchstens vier oder sechs Semester. Die katholischen höheren Bildungsanstalten folgen dem modernen Trend, die „freien Künste" durch Fachausbildung zu ersetzen, einem Trend, bei dem das Erlernen eines Brotberufs wichtiger ist als das Erlernen der Lebenskunst.

Viele katholische Studenten sind heute der Ansicht, es sei schon immer so gewesen, doch dem ist nicht so.

Die ursprüngliche Konzeption von einer Universität hatte wenig mit Berufsausbildung zu tun, aber alles mit der Vorbereitung aufs Leben. Ihr Ziel war die Vermittlung der Weisheit der Alten und die Heranbildung ausgewogener Persönlichkeiten. Sie war eher ganzheitlich als spezialisiert, eher universal als auf die Praxis eingeengt. Sie war, so könnten wir wohl sagen, eher weiblich als männlich.

Das weibliche Bildungsideal hat darin bestanden, Geschmack am *Ganzen* zu finden, bevor man sich Fachstudien zuwandte, die es im *Detail* untersuchen. Es hat darin bestanden, die Dinge in ihrem Zusammenhang zu erfassen und zu sehen, in welchem Verhältnis wir zu ihnen stehen. Es hat darin bestanden, Verantwortungsgefühl gegenüber der Welt, in der wir leben, zu wecken und Interesse für die Menschen, die in ihr leben. Doch dieses weibliche Ideal geht jetzt nicht nur an den Universitäten ganz allgemein verloren, sondern auch an katholischen Universitäten. Da immer mehr Studenten technische und gewinnträchtige Disziplinen als Hauptfächer studieren, gibt man die große Tradition des Strebens nach Weisheit auf und verfolgt statt dessen egoistische Ziele.

Parallel zur Einengung unseres Bildungsbegriffes verläuft der Verlust unseres Symboldenkens. Wie wir schon festgestellt haben, waren die Christen früher mit ihrem künstlerischen Einfallsreichtum führend. Im Altertum haben sich die Sakramente der Kirche aus einfachen Riten zu Zeremonien von reicher Symbolik entwickelt, die die Gläubigen dazu angeleitet haben, Gott zu erleben und sich in die christlichen Heilsgeheimnisse zu versenken. Im Mittelalter haben christliche Kunst und Architektur, Musik und Schauspiel die Vorstellungskraft der Gläubigen angeregt und ihnen den Blick für Wirklichkeiten erschlossen, die man nicht sehen kann. Doch heute gibt es, wie es scheint, sowohl in unserem liturgischen Leben wie auch im Kunstschaffen kaum noch Einfallsreichtum und Phantasie.

Dieses Nachlassen der Symbolkraft des christlichen Lebens ist zum Teil auch ein Symptom der Welt, in der wir leben. In dem Maß, in dem unsere Gesellschaft pragmatischer und funktioneller wird, empfinden wir weniger das Bedürfnis nach Kontemplation und stärker das Bedürfnis nach Manipulation. In dem Maß, in dem unser Leben geschäftiger wird, fehlt uns die Zeit, Geschmack an Gottes Offenbarung in der Welt zu finden, die uns umgibt. Infolgedessen verlernen wir die Sprache der Symbole und verlieren den Sinn für das Sakramentale. Die Christen sprechen nicht durch ihre Kunst zur Welt; es ist eher umgekehrt. In unserer Gesellschaft ist die Kunst zum größten Teil Erwerbskunst.

Das bißchen christliche Kunst, das es noch gibt, kopiert einfallslos die religiöse Kunst der Vergangenheit. Hergestellt wird offenkundig nur das, was sich verkauft. Der Kirchengesang beschränkt sich auf das, was sich zum Abdruck in den Handreichungen zum Pfarrgottesdienst eignet, und es werden kaum neue Lieder geschrieben. Die Liturgie selbst ist in ihrer Länge beschnitten und in ihrer Symbolik verwässert worden. Die meisten neuen Pfarrkirchen sind einfallslose und langweilige rechteckige Kästen aus Zement-Blöcken. Die Kirche ist leider nicht mehr der Hort der Kunst, der sie einmal war.

Wenn überhaupt etwas, so sollte die Kirche wenigstens ein Hort des Gebetes und Förderin des geistlichen Lebens sein. Doch wir haben allen Grund, uns zu fragen, ob das wirklich so ist. Zur Einengung unseres Bildungsbegriffes und zum Verkümmern unseres Gespürs für Symbole kommt hinzu, daß wir als Kirche anscheinend auch den Zusammenbruch des Gebetslebens zu beklagen haben.

Auch das ist zum Teil eine Parallelerscheinung zu dem, was bei uns allgemein geistig im Gang ist. Symptomatisch dafür sind in den USA die zunehmende Verweltlichung unserer Gesellschaft, das Verbot von allem, was auch nur entfernt mit Gebet und Religion zusammenhängt, an öffentlichen Schulen und die Trennung von Kirche und Staat in einer Schärfe, die von den Architekten der Verfassung der Vereinigten Staaten nie beabsichtigt war. Als Amerikaner erleiden wir eher das, was rings um uns im Geistesleben geschieht, anstatt, wie früher, auf das Geschehen im Geistesleben Einfluß zu nehmen.

Im Altertum und im Mittelalter und bis noch vor gar nicht allzu langer Zeit war katholisch-werden gleichbedeutend mit der Einführung in die große jüdisch-christliche Tradition. In den ersten Jahrhunderten wurde man in die christliche Gemeinde aufgenommen durch einen langen Prozeß persönlicher Umkehr, die in vierzigtägigem Gebet und Fasten zur Vorbereitung auf die Osternacht ihren Höhepunkt erreichte. In den Jahrhunderten des Mittelalters lebten die Gläubigen in einer christlichen Geisteswelt, die ihnen ständig von den jüdischen Patriarchen und Propheten, von Jesus und den Aposteln, von Maria und den Heiligen kündete. Heutzutage wachsen, wie schon bemerkt, viele Katholiken in Unkenntnis ihres religiösen Erbes auf.

Geschichtliche Tatsachen nicht zu kennen, ist nicht annähernd so schlimm, wie das nicht zu kennen, was diese Tatsachen für unser Leben bedeuten. Das Gebet besitzt eine Bedeutung, die über die Bitte an Gott, er möge unsere Wünsche erfüllen, hinaus reicht. Die Meditation besitzt eine Bedeutung, die sich nur dem erschließt, der sie regelmäßig übt. Das Streben nach geistlichem Wachstum, wie es in den Heiligenleben und in den Schriften der Mystiker zum Ausdruck kommt, entdeckt man erst, wenn man das Gespräch mit den Helden der alten Zeit aufnimmt und allmählich merkt, worauf ihre Größe beruht: Es war die persönliche Beziehung zu Gott, die sie im Gebet gefunden und in der täglichen Meditation vertieft haben. Sie haben sich Zeit genommen, um auf Gott zu hören, der sie in eine tiefere Sicht der Wirklichkeit rief als die, die ihre weltliche Umgebung darstellte. Sie sind der Einladung Gottes gefolgt, die geistliche Wirklichkeit im Kern ihres eigenen Seins auszuloten. Sie sind durch die enge Pforte in das Gottesreich eingetreten statt den breiten Weg zum innerweltlichen Erfolg einzuschlagen.

Obgleich wir heute in der Kirche ziemlich viel über das Gebet hören, erleben wir nicht, daß man die Gläubigen wirklich beten lehrt. Das Gebetsleben der Katholiken ist – wenn man von der Sonntagsmesse, einem eher öffentlichen als privaten Beten, einmal absieht – verkommen zum bloßen Reden über das Gebet, einer Vorstufe des Eigentlichen. Man lernt aber das rechte Beten nicht aus Vorträgen, nicht aus der Anweisung, wir sollten beten, sondern durch die praktische Erfahrung des Betens mit anderen. Heutzutage bietet sich in der Kirche nur wenig Gelegenheit, diese Erfahrung zu machen.

Vom Archetypus her ist Beten eine weibliche Beschäftigung. Es ist kein *Tun*, sondern ein *Sein*. Es ist kein *Leisten*, sondern ein *Ruhen*. Es ist kein *Werk*, sondern eine *Beziehung*. Es ist gezielte Hinwendung der Aufmerksamkeit auf Gott und Aufnahmebereitschaft für das Wort, das Gott im Schweigen an uns richtet. Gebet ereignet sich im Innern und findet seinen äußeren Ausdruck im Symbol, ob diese Symbole nun Worte, Gesten oder Kunstwerke sind. Vielleicht zieht sich die

Seele deshalb aus der christlichen Kunst zurück, weil sich das Gebet aus dem christlichen Leben zurückzieht. Die Kunst drückt aus, was man in sich trägt, aber wenn man nichts in sich trägt, gibt es nichts auszudrücken.

Paradoxerweise wächst unsere Seele nicht, wenn man sie nährt. Sie entwickelt sich nicht, wenn sie immer mehr zu sich nimmt, wenn sie durch zunehmende Information oder Aktivität Erfahrung auf Erfahrung häuft. Geistlicher Fortschritt ist keine Sache des *Mehr*, sondern des *Weniger*. Es ist kein aggressiver Vorgang, sondern ein passiver Vorgang, kein Vereinnahmen, sondern ein Loslassen. Er ist vom Archetypus her nicht männlich, sondern weiblich.

Die Mentalität amerikanischer Katholiken wird aber, wie die amerikanische Mentalität überhaupt, immer männlicher. Sie wird in wachsendem Maß leistungsorientiert, machtorientiert und konsumorientiert. Erfolg ist für uns gleichbedeutend mit der Fähigkeit, mehr und mehr zu konsumieren. Wir vergöttern den Lebensstil der Reichen und Prominenten, die die Möglichkeit des Super-Konsums erreicht haben.

Deshalb haben auch unsere Universitäten die Suche nach Weisheit, die ein weibliches, innerliches Tun ist, aufgegeben zugunsten der Suche nach Studiengängen und akademischen Titeln. Wir sind zu Bildungskonsumenten geworden anstatt uns um Erkenntnis zu mühen. Wir huldigen diesem Konsum nicht nur an unseren Schulen. Wir gehen zu Vorträgen und Tagungen, wir lesen Bücher und Artikel, wir hören Tonbänder ab und setzen uns vor den Bildschirm in dem blinden Glauben, daß es uns um so besser geht, je mehr wir in uns hineinstopfen. Es spielt keine Rolle, ob der Gegenstand unserer Wißbegier weltlich oder religiös ist; das Verhaltensmuster und das Ergebnis sind immer gleich. Wir werden zu Lagerhalden für konsumierten und vergessenen Lernstoff, weil wir unserer Seele nicht die Zeit lassen, den Schutt auszusieben und die Schätze zu finden, die womöglich in ihm verborgen sind.

Ebenso haben wir unsere Empfänglichkeit für Kunst aufgrund der Annahme eingebüßt, daß mehr besser ist. Statt uns von der Kunst ansprechen zu lassen, sind wir zu Kunstverbrauchern geworden. Künstler oder Künstlerinnen hauchen jedem Meisterwerk ihre eigene Seele ein, mit der unsere Seele nur dann Verbindung aufnehmen kann, wenn sie Zeit darauf verwendet, sich betrachtend in es zu versenken, und eine Beziehung zu ihm entwickelt. Wir hingegen rennen durch die Galerien und Museen, um so viel zu sehen, wie wir nur können, ohne uns die Zeit zu nehmen, etwas eingehend zu betrachten. Wir sammeln zu Hause Verbrauchskunst in der eitlen Hoffnung, es ginge uns irgendwie besser, wenn wir mehr davon hätten. Doch wir schauen uns nicht einmal alles an, was wir haben.

Die Konsumfrömmigkeit geht nach demselben Muster vor und führt zum gleichen Ergebnis. Wir meinen, wir würden frömmer, je öfter wir zur Kirche gehen. Wir meinen, wenn wir andere zum Kirchgang bewegen, ginge es ihnen in geistlicher Hinsicht besser. Doch wenn wir das tun, machen wir sie nicht zu besseren Christen; wir machen sie nur zu besseren Kirchgängern. Weder wir selbst noch sie dringen wirklich in das ein, worum es in der Kirche, in der Liturgie und im Gebet letztlich geht. Unser Verhältnis zu Gott bleibt oberflächlich; aber wie seicht es ist, verbirgt sich hinter all der Frömmigkeit in unserem Leben. Frömmigkeit dieser Art kann sogar zu einem Suchtverhalten werden.

Der Konsumkatholizismus könnte sehr wohl das Ende der katholischen Tradition sein. Sollte er sich durchsetzen, so würde er sich weiter als Katholizismus ausgeben, aber ohne dessen Seele zu besitzen. Er würde die männlichen Strukturen der Kirche verewigen, aber mit dem Verlust ihrer weiblichen Offenheit für Gott zahlen. Er würde uns zu der irrigen Meinung verführen, solange wir Pfarreien, Schulen, Bildungs- und Sozialwerke, Devotionalien- und Buchhandlungen haben, müßte wohl auch die katholische Tradition lebendig und gesund sein.

Der Konsumkatholizismus ist aber genau das Gegenteil dessen, was die katholische Tradition zweitausend Jahre lang bewahrt hat. Er verkörpert die schlimmsten Züge des nationalkirchlichen Katholizismus, des institutionellen Katholizismus, des unbiblischen und forderungslosen Katholizismus, ohne die Spiritualität zu verkörpern, die sie weitergereicht haben. Er ist gedankenlose, unschöpferische nicht-betende Religiosität. Er ist ziellose Betriebsamkeit, sinnloses Gerede und inhaltsleere Hülse.

# Drittes Kapitel

# Katholisch im heutigen Amerika

Im ersten und zweiten Kapitel haben wir ganz allgemein und manchmal ziemlich abstrakt die Vergangenheit, den strahlenden Glanz der katholischen Überlieferung und die dunkle Seite der katholischen Geschichte behandelt. Wir sind auf östliche und westliche Kultur, Volksgruppen und Nationalitäten, männliche und weibliche Charaktereigenschaften zu sprechen gekommen. Wir haben festgestellt, wie das Gute und das Schlimme in der Vergangenheit der Kirche Licht und Schatten auf die Kirche der Gegenwart werfen. Jetzt ist es an der Zeit, den Akzent anders zu setzen und genauer und konkreter auf die heutige Lage einzugehen und darzustellen, wie die oder der einzelne den katholischen Glauben in konkreter Gemeinschaft leben kann. Es ist an der Zeit, darüber zu reden, wie man in der Gegenwart katholisch sein kann, und einen Blick in die Zukunft zu werfen.

Wir haben anfangs gefragt, *warum* man katholisch sein sollte; jetzt ist der Augenblick gekommen, zu fragen, *wie* man katholisch sein kann. Wie die erste Frage, ist auch dies eine neue Frage. Früher wuchs man als Katholik auf und wußte, was das hieß. Man erlernte seinen katholischen Glauben sozusagen „osmotisch", indem man ihn aus der Familie, aus der Pfarrei und aus der Volksgruppe übernahm. Man fragte nicht, wie man katholisch sein könne; man wuchs katholisch auf. Den katholischen Glauben atmete man mit der Luft ein, man trank ihn mit der Muttermilch und erhielt ihn mit der Nahrung. Man wußte, wie man katholisch sein muß, wenn man alt genug war, um festzustellen, daß man katholisch ist und daß es andere Menschen in der Welt nicht sind.

Wenn es von Vorteil ist, ohne eigenes Zutun katholisch aufzuwachsen, so ist es noch von größerem Vorteil, sich bewußt für den katholischen Glauben zu entscheiden. Die Gnade kann im Raum der Freiheit und der persönlichen Entscheidung besser wirken; Konvertiten haben das zu allen Zeiten besser begriffen als die Gläubigen, die in der Kirche geboren und aufgewachsen sind. Zweifellos sind einige der profiliertesten Katholiken Konvertiten gewesen: der heilige Paulus und der heilige Augustinus im Altertum; John Henry Newman und Gilbert Keith Chesterton vor nicht allzu langer Zeit; Thomas Merton und Dorothy Day zu unserer Zeit.

Die Entscheidung für das Katholisch-Sein entspricht der Entscheidung für das Christ-Sein. Selbst Katholiken müssen diese Entscheidung treffen. Sie müssen auf Gott hören, der sie aufruft, Christus nachzufolgen, sich wie Christus ganz ihm auszuliefern und sich vom Geist erfüllen zu lassen wie Christus. Sie müssen zunächst bereit sein, ins Gespräch mit Gott einzutreten, um dann auf das Wort Antwort zu geben, das Gott an sie richtet. Wenn sie sich erst einmal auf diesen Dialog eingelassen haben, müssen sie horchen, wohin der Herr sie führen will. Sie lassen sich auf ein persönliches Verhältnis zu Gott ein.

Viele herrliche Menschen, viele – wie wir uns nach katholischem Sprachgebrauch ausdrücken könnten – Heilige treten in dieses Zwiegespräch ein, hören aber nicht, daß Gott sie aufruft, katholisch zu werden. Vielleicht sehen sie die dunkle Seite des Katholizismus allzu schmerzlich, während sie von seiner Lichtseite nichts wahrnehmen. Vielleicht haben sie noch nie einen Katholiken getroffen, der ihnen von Gott erzählt hat. Vielleicht sind sie noch nie in einer katholischen Kirche gewesen. Andererseits gibt es Menschen, die hören, wie Gott sie aus dem Innern der katholischen Kirche her oder in die katholische Kirche hinein ruft. Früher waren das hauptsächlich Nicht-Katholiken. Heutzutage können es sogar katholisch Getaufte sein, die den Ruf Gottes vernehmen, ihr Christenleben als überzeugte Katholiken zu führen.

Sobald Menschen diesen Anruf Gottes hören, hat ihre Religion nichts Pflichtmäßiges mehr. Sie *müssen* nicht katholisch sein; sie *müssen* nicht sonntags zur Messe gehen; sie *müssen* nicht an das Lehramt des Papstes glauben. Sie entscheiden sich vielmehr frei, all dies zu tun, weil sie eine persönliche Gottesbeziehung haben, und sie hören, wie Gott sie anruft, ihm in der katholischen Kirche nachzufolgen. Das ist eine viel mündigere Weise, katholisch zu sein, als einfach katholisch geboren und erzogen zu werden. Es ist eine Weise, katholisch zu sein, die viel mehr Menschen zugänglich ist als früher. Es ist eine sehr zeitgemäße Weise, katholisch zu sein; und heutzutage, da niemand uns zwingen kann, katholisch zu sein, ist sie sehr angebracht.

## Was „katholisch sein" bedeutet

Vor dem Zweiten Vatikanischen Konzil hatten Katholiken eine recht klare Vorstellung davon, was katholisch sein bedeutet. Katholisch zu sein, hieß, jeden Sonntag zur Messe und wenigstens einmal im Jahr zur Beichte zu gehen. Es hieß, freitags kein Fleisch zu essen und in der vorösterlichen Bußzeit zu fasten. Es hieß, den Rosenkranz zu beten, Novenen zu halten und zum sakramentalen Segen zu gehen. Es hieß auch, an das Lehramt des Papstes und der Bischöfe, an die Transsubstantiation von Brot und Wein und an die sieben Sakramente, an die Aufnahme Mariens in den Himmel und an andere Lehren zu glauben, die die Protestanten nicht akzeptierten. Die meisten Katholiken waren gewohnt, ihren Glauben mit den äußeren Observanzen und den Lehrmeinungen gleichzusetzen, die sie von anderen Christen unterschieden.

Seit dem Konzil hat sich vieles am äußeren Bild der Kirche geändert. Auch legen wir im Geist der Ökumene größeren Nachdruck auf die Glaubenswahrheiten, die wir mit den Protestanten teilen, als auf die, welche uns von ihnen trennen. Infolgedessen haben seither viele Gläubige ihre liebe Not, genau zu sagen, was es heißt, katholisch zu sein. In den siebziger und achtziger Jahren unseres Jahrhunderts scheint eine ganze Anzahl von ihnen zu dem Schluß gekommen zu sein, daß katholisch zu sein einfach heißt, Christ zu sein, und sonntags in eine katholische Kirche zu gehen. Andere sind gar zu dem noch vageren Schluß gelangt, katholisch zu sein sei so ungefähr dasselbe wie ein guter Mensch zu sein.

Aufgrund unserer Erkenntnisse aus dem ersten Kapitel sollte es klar sein, daß es bei der katholischen Religionszugehörigkeit nicht darum geht, einfach Christ zu sein wie alle anderen, abgesehen von der jeweiligen Kirchenzugehörigkeit. Und wenn wir unser Leben bedenken, sollte es uns ebenso klar werden, daß katholisch zu sein nicht dasselbe ist wie gut zu sein.

Bis zu einem gewissen Ausmaß lernen wir zweifellos von der Kirche, gute Christen und gute Katholiken zu sein, aber letztlich lernen wir von unseren Angehörigen und von anderen, die uns nahestehen, ob sie nun katholisch sind oder nicht, gute Menschen zu sein. Das Gute in uns rührt nicht von religiösen Überzeugungen oder

Übungen her, sondern daher, daß wir geliebt werden. Natürlich sind wir insofern gut, als wir von Gott geschaffen und geliebt sind, aber wir sehen uns nicht immer so, und wir handeln nicht immer dementsprechend. Wir lernen, uns in dem Maß als liebenswert, fähig und wertvoll zu sehen, wie wir Liebe und Vertrauen erfahren, selbst lieben und vertrauen können. Nicht unser Katholizismus ist es, der uns „gut" macht – es sind vielmehr unsere Lieben: diejenigen, die uns lieben, und die, die sich von uns lieben lassen.

Wozu macht uns der Katholizismus dann? Was bringt es uns, katholisch zu sein? Um ein Thema wieder aufzugreifen, das wir schon behandelt haben, können wir sagen, daß unsere katholische Religionszugehörigkeit in der Lage ist, uns *weise* zu machen. Der Katholizismus bietet uns nicht so sehr Wissen als vielmehr Weisheit. Die meisten Menschen stellen sich unter Weisheit etwas Geistiges vor, etwas, das sich im Kopf befindet. Die katholische Weisheit ist aber etwas sehr Praktisches, etwas, das sich im Herzen befindet. Anders gesagt: Der Katholizismus bietet uns die Chance der Beziehung. Katholisch zu sein heißt, in Verbindung zu stehen.

Das stärkste Symbol für diese „weise Bezogenheit" ist die Eucharistie, das Hauptsakrament des katholischen Glaubens. Wenn wir die Eucharistie richtig verstehen, verstehen wir auch, daß wir nicht allein sind. Gott ist bei uns in der Eucharistie, und wir brauchen uns nur der Gegenwart Gottes zu öffnen, um sie in den Gebeten und Schriftlesungen der Messe und besonders in der Kommunion zu erleben.

In der Eucharistie ist unsere Verbundenheit daher zunächst Gottverbundenheit. Mit dem Herrn in Verbindung zu stehen, auf sein Wort zu hören und seiner Aufforderung zu mehr Selbsthingabe und größerer Heiligkeit zu folgen, ist ein persönliches Verbundensein, das aus der Mitfeier der Eucharistie entsteht.

Es gibt aber noch eine im Symbol der Eucharistie enthaltene Verbundenheit, für die diese individuelle Verbundenheit erst der Anfang ist. Es ist die Gemeinschaftsverbundenheit. Es ist die Verbundenheit mit anderen im Leib des Herrn.

Die umfassendere symbolische Bedeutung der Eucharistie ist der Leib Christi, der nicht nur in der Kommunion selbst besteht, sondern *durch* die Kommunion entsteht. Wir empfangen nicht einfach das Sakrament unter den Gestalten von Brot und Wein. Wir empfangen es bei einem heiligen Mahl *mit anderen*. Wir alle erhalten Anteil an einem einzigen Sakrament, am einzigen Leib Christi, und dadurch bekunden wir unsere Bereitschaft, selbst ein einziger Leib Christi zu sein. Wie der heilige Augustinus vor Jahrhunderten gesagt hat, fordert die Eucharistie uns dazu auf, das zu werden, was wir essen.

Die Verbundenheit der Eucharistie ist daher auch unsere Verbundenheit miteinander. Wir sind nicht allein. Wir sind keine isolierten Einzelwesen. Wir stehen nicht in Konkurrenz, sondern in Verbindung miteinander. Das ist es, was der Katholizismus in seinen besten Augenblicken so unmißverständlich begriffen hat. Das ist es auch, was wir in unserer individualistischen Gesellschaft oft nicht begreifen können.

Anders als anderen Religionen geht es dem Christentum nicht einfach um das Heil einzelner. Jesu Frohbotschaft lautet nicht, jeder könne für sich allein das Nirwana erlangen, ganz unabhängig von dem, was rings um ihn geschieht. Die gute Nachricht besagt nicht, einzelne könnten einen transzendenten Bewußtseinszustand erreichen, den andere vielleicht verfehlen. Die Frohbotschaft – wenigstens wie man sie in der Weisheit der katholischen Überlieferung versteht – lautet, daß das Heil in der Kirche und durch die Kirche, in der Gemeinschaft und durch die Gemeinschaft erlangt wird. Unser Verhältnis zu anderen und unsere Beziehung zu der Welt, die uns umgibt, sind es, wodurch wir die Heilsmacht Gottes erfahren.

Dorothy Day, die Konvertitin, die ihr Leben lang die Sache der Armen zu ihrer eigenen gemacht hat, hat das besser begriffen als die meisten von uns. Von allen Wegen, die ihr offenstanden, hat sie sich für die katholische Kirche entschieden, weil sie eine Volkskirche ist, eine Kirche, die die *Niemande* der Gesellschaft in die Arme schließt und ihnen sagt, daß sie zusammen *jemand* sind. Zusammen sind sie Jesus in der Welt; sie sind der Leib Christi. Sie wußte sehr wohl, wie wichtig sich Prälaten nehmen und wie dumm klerikale Machenschaften sein können, doch das hat ihr nicht die Sicht für die Weisheit des Katholizismus im Blick auf die Gegenwart Christi in seinen geringsten Brüdern und Schwestern verstellt.

Das Christentum versetzt nicht den Kopf in einen Rauschzustand, sondern das Herz. Es hat nichts mit Ideen zu tun, sondern mit Beziehungen. Ihm geht es weniger um Fortschritt im Wissen als um Fortschritt in der Liebe, weniger um fromme Gedanken als um ein Leben nach Jesu Vorbild. Die bei den Katholiken übliche Herz-Jesu-Verehrung bringt zum Ausdruck, daß man dies in der Kirche weiß.

Ebenso ist das Christentum keine wirklichkeitsfremde, sondern eine engagierte Religion. Es hat nichts mit Weltflucht zu tun, sondern mit Einsatz für die Welt. Seine wichtigste Lehre verkündet die Menschwerdung, sein wichtigstes Symbol ist die Kreuzigung. Geburt und Kreuzigung haben beide mit Blut und Schmerz zu tun. Das Christentum versteht Jesu Geburt und Tod als die entscheidenden Augenblicke der Menschheitsgeschichte, als Gott sich zu unserer Erlösung tief hinunter in unser Fleisch und Blut erniedrigt hat. Im Katholizismus betonen wir den Leib Christi ebensosehr wie den Geist Christi, wenn wir über das Geheimnis unserer Erlösung sprechen. Wir sagen, daß „geistliche Werke" für die Nachfolge Jesu nicht genügen. Wir müssen auch das, was man die „leiblichen Werke" der Barmherzigkeit genannt hat, vollbringen, das, was man heute vielleicht eher als Handlungen sozialer Gerechtigkeit bezeichnen würde.

Der heilige Johannes sagt ohne Umschweife: „Wenn jemand sagt: Ich liebe Gott!, aber seinen Bruder haßt, ist er ein Lügner" (1 Joh 4,20). Der „Haß", den er hier meint, muß nicht unbedingt aktive Aggression sein. Er kann passive Nichtbeachtung, Vernachlässigung und lieblose Gleichgültigkeit sein. Mit anderen Worten, wenn jemand sagt, er liebe Jesus, das aber nicht durch seine Solidarität mit anderen beweist, lebt er vielleicht in irgendeiner intellektuellen oder weltfremden Religion, aber sicher nicht im Christentum.

Auch das nimmt die katholische Überlieferung sehr ernst. Sie hat im Alten Testament vor Augen, wie Gott sich um das Wohlergehen des Volkes gesorgt, die Israeliten aus der Knechtschaft in Ägypten befreit, den Flüchtlingen eine Heimat gegeben und die Armen vor der Unterdrückung durch die Reichen geschützt hat. Sie hat im Neuen Testament vor Augen, daß die ersten Christen Gemeinden gebildet, einander mit Lebensmitteln, Kleidung und Obdach geholfen und auch noch den armen Gemeinden in anderen Städten Geld geschickt haben. Sie hat vor Augen, daß Gott sich immer um die Angelegenheiten der Menschen gekümmert hat und daß die Christen immer um einander besorgt gewesen sind.

Manchmal hält man der Kirche vor, sie mische sich in

die Politik ein, doch das ist ein Vorwurf, auf den der Katholizismus stolz ist. Wenn man sich mit dem Mittelalter beschäftigt, stellt man fest, daß die Kirche damals tief in der Politik gesteckt hat – nicht in einer Politik im üblen Sinn von Absprachen in Hinterzimmern und faulen Kompromissen – das hat es zwar auch gegeben! –, sondern Politik im ursprünglichen Sinn von Mitwirkung in öffentlichen Angelegenheiten.

Katholisch ist es, sowohl zum ernsten religiösen Engagement aufzufordern als auch, es zu testen, die religiöse Praxis gebührend zu würdigen als auch, sie in Frage zu stellen. Die Kirche sagt: „Wir glauben, daß Du Gott liebst; zeig uns, wie Du diese Liebe in die Tat umsetzt. Wir akzeptieren, daß Du im Geist getauft worden bist; zeig uns, wie Du im Geist lebst. Wir haben gehört, daß Du gern betest; komm und mach mit, wenn wir gemeinsam beten." Der Katholizismus spielt den Advocatus Diaboli, wenn Menschen sich als fromm ausgeben; er erweitert die Frömmigkeit, die sie für sich in Anspruch nehmen, über das rein Persönliche hinaus und ruft sie zur Gemeinschaftsverbundenheit auf.

## Was es heißt, „in Amerika katholisch zu sein"

Wenn katholisch zu sein besagt, „weise" im Sinne von Verbundenheit zu sein, besagt, in Amerika katholisch zu sein mit dem in Verbindung zu stehen, was in diesem Augenblick in den Vereinigten Staaten geschieht. Wir haben im ersten Kapitel festgestellt, daß es zum Katholisch-Sein gehört, eine eher universale als beschränkte Sicht zu haben. Es gehört dazu, sich betroffen zu fühlen von dem, was ringsum geschieht, und nicht nur von dem, was sich in unserem Privatleben tut. Der

Katholizismus ist kein „ich-und-Jesus"-Christentum, sondern ein Christentum, das gemeinschaftsverbunden ist und letztlich in einer weltweiten Solidarität steht.

Dabei müssen wir bedenken, daß die einzelnen Christen auch als Menschen ihr Eigenleben führen, und daß bestimmte Gemeinden sich immer an bestimmten Orten befinden. Sie haben ihre eigenen Probleme und ihre ganz bestimmten Sorgen. Keine Religion kann sich darauf beschränken, in ihrer Lehrverkündigung weltweit zu sein, ohne der Situation an Ort und Stelle Rechnung zu tragen. Jede Kirche, die die echten Probleme und Sorgen der Leute ignoriert, tut das auf eigene Gefahr. Katholiken sollten schon aufgrund ihrer Kirchenverfassung in der Lage sein, *global* zu denken und *lokal* zu handeln.

Die weltweite Sicht des Katholizismus muß also sowohl nach innen wie auch nach außen gerichtet sein. Unsere Sicht muß sowohl mikroskopisch wie auch makroskopisch sein. Wir müssen aufmerksam zusehen, wie die Gläubigen ihren Glauben heute in den Vereinigten Staaten für sich allein, als Familien und als Pfarrgemeinden leben. Wir müssen das Netz von Beziehungen untersuchen, in denen die Menschen leben, und die es ihnen ermöglichen, zu engerer Verbundenheit mit Gott und miteinander zu gelangen.

Offenkundig sind den meisten Gläubigen die großen theologischen Debatten, an denen sich das Interesse der Theologen und des Klerus entzündet, kein Anliegen. Die meisten verwenden nicht viel Zeit darauf, über die Offenbarung der Heiligen Schrift, über Glaubenssätze, Sakramentenspendung oder die Kompetenzstrukturen innerhalb der Kirche nachzudenken. Wenn sie fünf Prozent ihrer „katholischen Zeit" solchen Überlegungen widmen, wäre das schon viel. Die meisten Gläubigen investieren fünfundneunzig Prozent ihrer Bemühungen auf religiösem Gebiet in Überlegungen zu Bereichen, die ihr Privatleben berühren.

Sie suchen Antwort auf Fragen wie: Wie kann ich mein Leben so führen, wie Gott es von mir erwartet? Ist das Leben, das ich führe, gut genug, oder könnte ich es besser machen? Wie kann ich meine religiösen Überzeugungen und Wertvorstellungen an meine Kinder weitergeben? Warum ist mir die Messe manchmal so langweilig, und hängt damit vielleicht auch zusammen, warum meine Kinder nicht in die Kirche gehen wollen? Vermissen wir etwas? Warum scheint unsere Gesellschaft ihr christliches Gepräge mehr und mehr zu verlieren? Wie kann ich meinen eigenen Glauben vertiefen? Warum hat man in unserer Pfarrei nicht das Gefühl einer Gemeinschaft? Wohin kann ich mich wenden, wenn ich Hilfe brauche in meiner Beziehung zu Gott, zu meiner Frau oder meinem Mann oder zu meinen heranwachsenden Kindern? Wo ist die Kirche, wenn ich plötzlich arbeitslos, mittellos oder obdachlos dastehe? Kann die Kirche mir helfen, wenn ich in meiner Nachbarschaft Verbrechen erlebe, in der Schule meiner Kinder Rauschgift grassiert und in meiner Firma Lug und Trug herrschen? Wie kann ich in dieser verwirrenden Welt, in der ich lebe, ein guter Katholik, ein guter Christ oder gar nur ein guter Mensch sein?

Die Stärke des nationalkirchlichen Katholizismus liegt darin, daß er viele dieser Fragen aus dem praktischen Leben beantwortet hat. Er hat einfachen Menschen auf die religiösen Grundfragen des Lebens einfache Antworten gegeben. Er hat den Leuten gesagt, wer sie sind und wie sie sich als Katholiken verhalten sollten. Er hat ihnen einen Platz gegeben, wo sie sich zu Hause fühlen konnten, und ein Empfinden für ihre Beziehung zu der Welt, die sie umgab. Weil er im Alltagsleben praktizierte Religion war, hat der nationalkirchliche Katholizismus den Gläubigen innere Kraft und für das Leben nach außen hin Weisung geben können. Auf seine Art hat er einen Glauben entstehen lassen, der tief, stark und lebendig war, und das nicht nur beim einzelnen, sondern in ganzen Pfarreien. Solange er bestanden hat, hat er die Gläubigen praktisch erleben lassen, was katholisch ist, und es ihnen nicht nur theoretisch beigebracht.

Der nationakirchliche Katholizismus in Amerika zerfällt aber. Die alte Pfarrei ist nicht mehr das, was sie einmal war. Katholische Familien halten nicht mehr an den Sitten und Gebräuchen der Großeltern fest. Das Volkstumsbewußtsein der Katholiken verflüchtigt sich in unserer pluralistischen Gesellschaft. Wir sehen uns an erster Stelle als Amerikaner, an zweiter Stelle in unserer Funktion im Erwerbs- oder Familienleben und erst an dritter Stelle als Christen oder Katholiken. Wir sind nicht mehr selbstverständlich von unserem Volkstum her katholisch. Infolgedessen sehen wir kaum, worin die katholischen Antworten auf die aktuellen Fragen bestehen könnten, die unser Alltag aufwirft.

Wenn wir diese Antworten in der katholischen Kirche von heute und von morgen finden sollen, müssen wir vier Bereiche des katholischen Lebens untersuchen, die in dem durch das Verschwinden des Volksgruppen-Katholizismus in unserem Land entstandenen Vakuum problematisch geworden sind. Der Einfachheit halber können wir diese Problemzonen als religiöses Erleben, katholische Identität, kirchliche Autorität und persönlichen Missionsauftrag bezeichnen.

## Religiöses Erleben

Früher hat sich das religiöse Leben in der katholischen Kirche um die Sakramente gedreht. Die alte Kirche hat die Taufe zu einem Aufnahme-Ritus in das Christenleben gemacht und einen Versöhnungsritus für diejenigen geschaffen, die dieses Leben aufgegeben hatten und zu ihm zurückkehren wollten. Die Abendmahlsfeier der Urzeit hat sich zu einer reich ausgestalteten eucharistischen Liturgie mit Gebeten, Schriftlesungen und Kommunion entwickelt (als Gedächtnis- und Mitfeier des Geheimnisses Christi). Durch das Ehesakrament sind die Christen in den Dienst des Herrn im Ehestand getreten und durch das Sakrament der Priesterweihe in den Dienst des Gottesvolkes, der Kirche. Wenn sie Heilung brauchten, wurde sie ihnen durch die Krankensalbung zuteil, und wenn sie starben, empfingen sie diese Salbung als Letzte Ölung. Die Sakramente haben im Lebenslauf des Christen von der Geburt bis zum Tod die wichtigsten Wendepunkte markiert.

Außer den eigentlichen Sakramenten der Kirche hat es noch Bräuche gegeben, die man später Sakramentalien genannt hat: Segensriten mit Weihwasser und Asche, Litaneien zu den Heiligen und Muttergottesandachten, Feste und Wallfahrten, Reliquien und Andachtsbilder, der Rosenkranz und andere Formen des lauten Betens – all dies waren Frömmigkeitsübungen, die die Christen in der Römerzeit und im Mittelalter kennengelernt und gefeiert und mit deren Hilfe sie ihren Glauben vertieft haben. Wie wir bereits festgestellt haben, haben sich die Christen in einer Welt, in der Lesen und Schreiben nicht weit verbreitet waren, der Gemeindeliturgie bedient, um die jüdisch-christliche Überlieferung durch ihre Verquickung mit dem jeweiligen Volksbrauchtum weiterzuführen.

In den Religionen des Altertums waren bestimmte Symbole – normalerweise in Gestalt von Zeremonien und Riten – der Hauptweg, auf dem Menschen zur Gotteserfahrung gelangten. In den Jahrhunderten vor dem Aufkommen des Individualismus haben Kollektivbewußtsein und Herkommen das religiöse Erleben der meisten Gläubigen geprägt. Die ihnen vertrauten sakramentalen Zeichen haben ihnen gesagt, daß die Seele durch Abwaschung und Salbung gereinigt und gekräftigt wird, so daß sie bei diesen Anlässen erlebten, wie Gott ihre Sünden abwusch und ihnen die Kraft des Heiligen Geistes gab. Die heiligen Zeichen ihrer Liturgie sagten ihnen, daß Christus bei der Meßfeier wahrhaft gegenwärtig ist. Daher erlebten sie bei den Konsekrationsworten und der Kommunion die wirkliche Gegenwart Christi. Sodann hatten sie gelernt, daß ihnen ihre Sünden vergeben wurden, wenn sie sie einem Priester bekannten und die Absolutionsworte hörten. In der Beichte erfuhren sie die vergebende Liebe Gottes.

Der steigende Bildungsstand und der zunehmende Individualismus der Neuzeit haben seit der Renaissance den Zusammenhalt des Kollektivbewußtseins einschließlich des religiösen Kollektivbewußtseins allmählich aufgeweicht. Zuerst hat die protestantische Reformation diesen Zersplitterungsprozeß offenkundig gemacht, die Christenheit zunächst in zwei große Lager geteilt und sodann den Protestantismus nochmals in eine Vielzahl von Denominationen aufgespalten. Jetzt, vier Jahrhunderte nach der Reformation, spürt man auch im Katholizismus die Spannung der Zwietracht zwischen verschiedenen Gruppen und den Streß der Kontroversen zwischen Einzelpersönlichkeiten. Als Menschen unserer Zeit neigen wir dazu, uns – auch wenn wir mit anderen zusammen sind – unsere eigenen Gedanken zu machen und unsere Gefühle für uns selbst zu behalten. Wir identifizieren uns nicht so leicht mit der herkömmlichen Bedeutung der Symbole, die unser gemeinsames Erbe sind. Unsere Sakramente sprechen nicht mehr wie früher dieselbe Sprache zu uns allen, und infolgedessen lösen sie nicht so leicht in uns allen eine Gotteserfahrung aus.

Weil die Sakramente objektiv etwas über das Geheimnis Gottes aussagen konnten, hat der Katholizismus früher kaum das Bedürfnis gehabt, über die subjektive Seite des Christentums zu reden. Sogar unsere Theologie ist übermäßig objektiv verfahren, wenn sie die Heilsgeschichte als etwas, das vor langer Zeit geschehen ist, das Mysterium Gottes, der „da draußen", hoch im Himmel ist und das Erlösungsgeschehen eher als objektive Tatsachen denn als Erfahrungstatsachen erforscht und erklärt hat. Von der subjektiven Seite unserer Religion, unserem spürbar-konkreten Verhältnis zu Gott, erwartete man, daß sie sich von selbst einstellt, solange die Gläubigen gemeinsam an die objektive Wahrheit der katholischen Lehre gebunden bleiben. Da unser Kollektivbewußtsein aber heute von einem individualisierten Bewußtsein abgelöst wird, stillt die Feststellung der objektiven Wahrheit nicht mehr unser subjektives Bedürfnis, Gott persönlich kennenzulernen.

Die Christen, die dieses Bedürfnis am deutlichsten spüren, sind die Evangelikalen und die Pfingstler. Ob sie protestantische Fundamentalisten oder katholische Charismatiker sind, sie beharren darauf, daß wir Gottes Liebe erfahren und persönlich erwidern müssen. Sie betonen, daß es nicht genügt, über Jesus Bescheid zu wissen; wir müssen Jesus kennen und in Gebetszwiesprache ständig mit ihm in Verbindung stehen. Für sie ist die Erfahrung der Wiedergeburt im Geist unerläßlich; sie betonen, daß es wichtig ist, aus der Kraft des Heiligen Geistes zu leben. Etliche Katholiken alten Schlages fühlen sich von den Vereinfachungen und dem Enthusiasmus der Charismatiker und Evangelikalen abgestoßen. Diese Abneigung sollte uns aber nicht darüber hinweg täuschen, daß sich hinter dem seltsamen Reden und Verhalten dieser Menschen und hinter ihrer Behauptung, sie hätten die „Bekanntschaft des Herrn" gemacht, ein echtes und großartiges religiöses Erleben verbirgt, das ihren Glauben entfacht hat. Diejenigen von uns, die von den Äußerlichkeiten der Pfingstbewegung nicht angezogen werden, dürfen sich der Einsicht nicht verschließen, daß dahinter eine tiefe innere Erfahrung steht. Und diejenigen von uns, die die fundamentalistischen Prediger im Fernsehen, im Rundfunk und bei „Erweckungsveranstaltungen" nicht ausstehen können, müssen sich darüber im klaren sein, daß viele Katholiken ihnen gerade deshalb zuhören, weil die persönliche Vertrautheit mit Jesus als Herrn und Erlöser der Inhalt dieser Botschaft ist.

Man muß in der katholischen Kirche unbedingt wieder zu der religiösen Gotteserfahrung kommen, die früher ganz selbstverständlich von den Sakramenten ausgelöst wurde, die heute aber nicht ohne weiteres von religiösen Zeremonien allein herbeigeführt wird. Ohne eine praktisch erfahrbare Dimension unseres Glaubens fallen die Sonntagsgottesdienste trocken, langweilig und tot aus. Wir feiern die objektive Wirklichkeit der Eucharistie, aber unserer Feier fehlt die subjektive Voraussetzung. In der Messe ist der Vater zugegen, doch wir spüren seine väterliche Liebe nicht; der Sohn ist zugegen, doch wir reden nicht mit ihm als Bruder und Freund; der Heilige Geist ist zugegen, doch wir spüren keine lebendige Kraft in unserem eigenen Geist. Wir hören teilnahmslos die Worte; unseren Antworten auf die Glaubenssätze fehlt das Leben.

Dieser Notstand ist nicht nur der charismatischen

Erneuerung in der Kirche bewußt geworden, sondern auch noch vielen anderen Erneuerungsbewegungen unserer Zeit. Die Cursillo- und die Focolarebewegung sind in Europa entstanden und haben sich weltweit verbreitet. Das „Christian Family Movement" und „Marriage Encounter" sind in den Vereinigten Staaten entstanden, und obgleich sie sich vor allem Ehe- und Familienfragen widmen, tragen sie oft auch zur Erneuerung der Gottesbeziehung der Gläubigen bei. Die Werke „Christ Renews His Parish – Christus erneuert seine Gemeinde" und „RENEW – Erneuert euch" sind Versuche, die subjektive Dimension des katholischen Lebens mit neuer Kraft zu erfüllen, und haben viele Amerikaner innerhalb ihrer eigenen Pfarreien mobilisiert. Der „Rite of Christian Initiation of Adults – Erwachsenenkatechumenat" und „Re-Membering Church – Wiedereingliederung in die Kirche" sind geschaffen worden, um neuen und alten Katholiken zur lebendigen Glaubenspraxis zu verhelfen.

Außer diesen Bewegungen und Programmen großen Stils tut sich auf Gemeinde-Ebene viel Gutes: Erwachsenenbildungswerke, Bibelkurse, Jugendgruppen, Exerzitien und Einkehrtage. Es gibt sogar Gebets- und Apostolatsgruppen, die offiziell von keiner Pfarrei getragen werden, bei denen die Gläubigen aber mitmachen, weil sie ihnen die willkommene Gelegenheit bieten, sich die subjektive Dimension ihres Glaubens zu erschließen. Auch sollten wir die Einzelgänger nicht vergessen, die aus persönlichen Gründen allein auf dem Weg zu Gott sind und die durch private Lesung, Gebet und Meditation ihre Gotteserfahrung machen.

All diese Bewegungen, Programme, Gruppen und Bemühungen haben aber für sich genommen bisher nur einen Bruchteil der amerikanischen Katholiken erreicht. Religiöse Erfahrung ist für die meisten Katholiken noch immer eine Problemzone, ein unerforschtes Gebiet. Die Mehrzahl hat sich in den Überbleibseln des nationalkirchlichen Katholizismus eingerichtet, ist vage mit der institutionellen Kirche verbunden und mehr oder weniger den Sakramenten treu, lebt aber ohne die Gotteserfahrung, die die Sakramente vermitteln wollen.

Wenn wirklich einmal eine geistliche Erneuerung einsetzt, beginnt sie immer auf der subjektiven Ebene. So ist die Hauptproblemzone auch die Zone, in der am vordringlichsten nach Lösungen zu suchen ist. Wir sehen jetzt zumindest, daß wir, um heute in Amerika katholisch zu sein, persönlich und nicht nur kollektiv Christen werden müssen. Jede und jeder muß für sich persönlich in der Pfarrei und in der Kirche im ganzen subjektiv und nicht nur einfach objektiv katholisch werden. Wir müssen für die Gotteserfahrung im eigenen Leben offen sein, und wir müssen nach Wegen suchen, wie man andere für diese religiöse Erfahrung gewinnen kann.

## Katholische Identität

Eine Stärke des institutionellen Katholizismus hat darin bestanden – und besteht für viele noch darin –, den Menschen ein Gefühl dafür geben zu können, wohin sie gehörten, ein Gespür für das, wer sie sind. Wenn sie sich mit der Institution Kirche identifizierten, entstand bei den Katholiken ein Eindruck von Würde und Wert, den sie, auf sich allein gestellt, wohl nicht gehabt hätten. Als Glieder der katholischen Kirche standen sie in einer großen Tradition und in einer langen Geschichte, einer Tradition, die ihre Größe in ihren Kirchen und Domen, ihren Schulen und Krankenhäusern, in ihrer Liturgie und in ihrer Hierarchie und besonders im Papst auswies. Ihre Identifikation mit der Kirche hat auch ihr Verhältnis zu Gott, zu Jesus Christus und zu den nicht-katholischen Christen bestimmt, denn als Glieder der einen, wahren, von Jesus Christus gestifteten Kirche konnten sie sicher sein, daß sie Gott so verehrten, wie Gott verehrt sein wollte.

Das Gespür für die eigene Identität von einer Institution abzuleiten, ist insofern problematisch, als solch eine Identität unpersönlich ist. Sie ist eigentlich keine persönliche Identität, sondern eine Identifikation mit etwas, das außerhalb der Person liegt. Sie ist keine subjektive Identität, kein Einssein mit dem, was man als Person mit seinen eigenen Gedanken, Gefühlen und Beziehungen ist, sondern vielmehr eine objektive Identifikation, eine Verbindung, die man zu einem Objekt besitzt, das man nicht selbst ist. Solch eine Identität kann daher nur oberflächlich sein. Sie reicht nicht bis in die tiefste Tiefe des Herzens, sondern sie berührt nur die Außenbereiche der Persönlichkeit und des Verhaltens. Die Leichtigkeit, mit der sich die ersten Protestanten, als sie glaubten, die Kirche sei dem Laster verfallen, von ihrer katholischen Identität lossagen konnten, und die Leichtigkeit, mit der heute einige Katholiken aus der Kirche austreten, um sich anderen Kirchen anzuschließen, die sie attraktiver finden, sind zwei schlagende Beispiele dafür, wie wenig tief die Identifikation mit einer Institution geht.

Persönliche Beziehungen führen zu einer tieferen und authentischeren Selbstfindung. Wenn wir feststellen, daß andere uns lieben, akzeptieren und achten, stellen wir fest, daß wir jemand sind, der liebens- und bewundernswert ist. Wenn wir hingehen und andere lieben, uns um sie sorgen, sie akzeptieren und achten, stellen wir fest, daß wir jemand sind, der in der Lage ist, zu lieben, zu verstehen, zu wachsen und zu helfen. Außerdem sind persönliche Beziehungen immer spezifisch. Diejenigen, die unser persönliches Potential wecken und mobilisieren, sind immer ganz bestimmte Menschen, zu denen wir ein besonderes Verhältnis haben. Unser Verhältnis zu wichtigen Bezugspersonen in unserem Leben, nicht unsere Beziehung zu Kirche, Staat, Firma oder sonst einer Institution ist es, was uns zur persönlichen Identität verhilft.

Daher beginnen wir unsere persönliche Identität als Christen zu entdecken, wenn wir ein persönliches Verhältnis zu Jesus Christus gewinnen. Ob wir zu Jesus als Gesetzgeber oder als Ratgeber, als Retter oder als Begleiter, als Freund oder als Geliebtem Beziehung aufnehmen, ist zunächst nebensächlich. Unsere Beziehung zu Jesus entspricht jeweils unserer Persönlichkeit und unseren Bedürfnissen in den verschiedenen Etappen unserer geistlichen Entwicklung.

Jede gesunde personale Beziehung ist ein Licht in unserem Leben. Sie läßt unsere Welt heller leuchten und macht uns deutlicher bewußt, wer wir in bezug auf alles andere im Leben sind. Das beste Beispiel dafür ist die Verliebtheit. Wenn wir uns verlieben, ist auch der regnerischste Tag voller Sonnenschein, ist auch die finsterste Nacht voller Licht. Ebenso läßt unsere Beziehung zu Jesus, wenn wir uns in ihn verlieben, unser Leben heller werden.

Betrachten wir einmal dieses Geschehen im Bild eines aufflackernden Streichholzes. In unserem Leben leuchtet ein Licht auf, das vorher nicht da war. Vielleicht geschieht das, weil man für sein Leben einen tieferen Sinn gesucht und gespürt hat, daß es ihm noch an Verwirklichung gebricht. Vielleicht hat man sich gefragt, ob Gott wirklich existiert, oder man hat auf eigene Faust in der Bibel gelesen oder herauszufinden versucht, ob Beten mehr ist als ein Dahersagen von Worten. Oder es ist vielleicht der Fall, daß man – wie im vorigen Abschnitt empfohlen – zu einem Erneuerungskurs eingeladen wird und es einem irgendwo in seinem Verlauf gelingt, eine persönliche Beziehung zu Christus bewußt zu machen. Wenn wir diese Beziehung bejahen und aufnehmen, flammt ein Streichholz auf. Das ist der erste Schritt zur Erneuerung der Kirche, mag sie auch auf einer sehr persönlichen Ebene beginnen.

Wie wir wissen, brennt ein Streichholz nur einen Augenblick lang. Wenn wir die Finsternis vertreiben wollen, müssen wir noch eins und noch eins anzünden. Unsere Beziehung zu Christus ist anfangs oft so ähnlich. Wenn der Reiz unserer ersten persönlichen Begegnung mit Jesus geschwunden ist, verspüren wir in uns den Wunsch, ihn wieder aufleben zu lassen. Niemand kann pausenlos an Gott denken; daher neigen auch wir dazu, unseren Alltagsgeschäften nachzugehen, und wir vergessen Gott dabei. Wenn wir feststellen, daß das geschehen ist, kehren wir zum Gebet zurück, um unsere bewußt empfundene Beziehung zu Jesus wiederherzustellen. Dabei zünden wir wieder ein Streichholz an.

Oft kommt es vor, daß wir, wenn wir mit der Beziehung zu Christus alleingelassen werden, es leid werden, ein Streichholz nach dem andern anzuzünden. Vielleicht nimmt uns zudem die Arbeitslast unseres Lebens die Zeit, die wir dem Gebet reserviert hatten. Vielleicht beginnen wir uns nach einer Weile zu fragen, ob die Beziehung, die wir einst eingegangen sind, wirklich ist oder ob wir sie uns nur einbilden. Wir haben das Gefühl, daß wir Bestätigung und Unterstützung von anderer Seite brauchen.

Es kann daher sein, daß wir andere aufsuchen, die eine ähnliche Begegnung mit dem Herrn erlebt haben. Wenn unsere erste, eindrucksvolle Begegnung sich im

Verlauf eines Erneuerungskurses ereignet hat, könnten wir uns einer Vertiefungsgruppe wie Marriage Encounter oder Cursillo anschließen. Wir könnten uns einer Gebetsgruppe in der Pfarrei oder einem Bibelkreis in der Nachbarschaft anschließen. Wir suchen einen Ort, wo wir unser Streichholz gemeinsam mit anderen überprüfen können, denen es ähnlich ergangen ist, und wo wir vielleicht über die Einsichten sprechen können, die wir durch unsere Beziehung zu Christus gewonnen zu haben glauben.

Allerdings verfolgt die kirchliche Gruppe, der wir uns anschließen, ziemlich oft ein anderes Interesse als das Gebet. Wir teilen zwar miteinander die Erfahrung, Gott kennengelernt zu haben – oder setzen sie auch nur voraus. Aber dann neigen wir dazu, dieses Thema in den Hintergrund treten zu lassen und unser Interesse anderen Dingen zuzuwenden. Vielleicht stellen wir fest, daß wir in eine Gruppe geraten sind, die über Bücher diskutiert, oder wir finden uns in einem Ausschuß oder einer Gruppe in der Pfarrei wieder, die einzig die Absicht verfolgt, Menschen mit gleichen Interessen zusammenzubringen.

Ganz abgesehen vom inhaltlichen Interesse ist eine geistlich ausgerichtete Gemeindegruppe in unserem Leben so etwas wie eine Kerze. Mag unser eigenes Streichholz auch flackern und verlöschen, wenn wir uns nicht in der Gruppe treffen, unsere aktive Gruppenzugehörigkeit erhellt unser Leben mit stetigem Licht. Die Gruppe gibt uns die Bestätigung, die wir brauchen, daß nämlich das, was wir bei unserem Erleben gefunden haben, stimmt; sie ermöglicht es uns, von Zeit zu Zeit dieses Geschehen wieder zu beleben; sie schenkt uns ein stetiges Licht, das uns die Richtung weist. Der Anschluß an solch eine Gruppe ist der zweite Schritt bei der Erneuerung der Kirche auf lokaler Ebene.

Solche Gruppen erneuern die Kirche, denn sie holen die Menschen aus ihrer passiven Mitgliedschaft heraus und ziehen sie in eine aktive Beteiligung am Leben und Wirken der Kirche hinein. Wenn sich solche Gruppen zu bilden beginnen, neigen sie allerdings dazu, Stabilisierungsgruppen zu bleiben anstatt geistlich weiterzuführen. D. h., sie halten das ursprüngliche Engagement ihrer Mitglieder lebendig, ohne sie zu bewegen, die eigene Gottesbeziehung zu vertiefen. Außerdem halten solche Gruppen oftmals nur die Veranstaltungen und Vereine der Pfarrei und des Bistums aufrecht, aber sie entwickeln keine neuen Initiativen. Sie bleiben auf der Stufe stehen, auf der sie gegründet worden sind, und stützen auf diese Weise in gewissem Umfang einzelne und die Kirche.

Viele Katholiken haben diesen zweiten Schritt getan, die Mehrheit natürlich nicht. Noch kleiner ist die Zahl derjenigen, die bei ihrer eigenen geistlichen Erneuerung und der Erneuerung der Kirche den dritten Schritt getan haben. Wir könnten ihn als Schritt von einer Stabilisierungsgruppe zu einer Glaubensgemeinschaft oder von einer Wahrungs- zu einer Wachstumsgruppe bezeichnen.

Um noch ein Bild zu bringen, das die Linie der schon angeführten Bilder von Streichholz und Kerze fortsetzt, können wir sagen, eine wirkliche Glaubensgruppe ist wie eine lodernde Flamme. Sie ist eine größere, stabilere Lampe, die viel mehr Licht und Wärme spendet. Wir können ihr Licht nicht nur sehen, wenn wir uns in der Gruppe treffen oder Gruppenarbeit tun, sondern auch in unserem tagtäglichen Leben. Wir können ihre Wärme nicht nur spüren, wenn wir in der Gruppe bei den anderen sind, sondern auch, wenn wir nicht bei ihnen sind. Denn zur Glaubensgemeinschaft gehört die Aufnahme persönlicher Beziehungen.

Wie schon der Name sagt, geht es in der Glaubensgruppe in erster Linie um die Beziehung, die der gemeinsame Glaube stiftet: der Glaube aneinander und der Glaube an Gott. Dieser Glaube ist nicht – wie in vielen Dienstgruppen – stillschweigende Voraussetzung, sondern ein Glaube, den man einander mitteilt. Es ist kein Glaube im Sinn von Glaubensinhalten und -vorstellungen, sondern Glaube im Sinn von Vertrauen und Treue. In einer Wachstumsgruppe wird der Glaube selbst zum zentralen Anliegen, und dieses Glaubensanliegen führt wieder zum geistlichen Wachstum.

In solch einer Gruppe sind wir bereit, offen über unsere Beziehung zu Christus und über unsere Beziehungen zueinander zu reden. Bei beiden Beziehungen spielen Vertrauen und Verläßlichkeit eine wichtige Rolle; aber anfangs ist unser Glaube immer schwach, und unsere Verbindlichkeit ist immer begrenzt. Anfangs sind wir nur bereit, in unserem Vertrauen auf den Herrn und unserem Vertrauen auf andere bis zu einem bestimmten Punkt zu gehen. Darüber hinaus haben wir Bedenken. Eine Glaubensgruppe ist ein Ort, wo wir unseren Geschwistern die Geheimnisse unseres Herzens eröffnen können, wo wir mit ihnen das Licht teilen, das uns gegeben ist, und ihnen das Dunkel offenlegen, das immer noch vorhanden ist. Die Vertraulichkeit und Ehrlichkeit der Glaubensmitteilung vor der Gemeinschaft überwinden unsere anfänglichen Bedenken und geben uns den Mut, weiterzuschreiten.

Vor einem Jahrhundert hat Kardinal Newman bemerkt: „Der Kirche geht so viel an Heiligkeit verloren, weil Brüder und Schwestern sich weigern, ihre Herzensgeheimnisse miteinander zu teilen." Inzwischen sind hundert Jahre vergangen, und als Kirche müssen wir die Lektion dieses weisen Wortes noch immer lernen. Wir haben einigermaßen gelernt, wie wichtig es ist, einen persönlichen Kontakt zu Gott zu haben und bei Dienstgruppen mitzuarbeiten, aber nur wenige von uns haben gelernt, darüber hinaus zu gehen.

Man könnte annehmen, daß wenigstens Priester und Nonnen echten Glaubensgruppen angehören; aber meist ist auch das nicht der Fall. Im Pfarrhaus reden Priester in der Regel über die Angelegenheiten der Pfarrei und ihren persönlichen Arbeitsbereich. Wenn dieses Thema erledigt ist, reden sie über das, worüber andere Männer auch reden – über Sport, Politik, Finanzangelegenheiten und allenfalls noch über das Fernsehprogramm. Normalerweise reden sie nicht über das, was sie innerlich bewegt, über ihre Beziehung zu Gott und ihre Beziehung zueinander. In ihren Klöstern sind Ordensfrauen oft ähnlich abgelenkt, obgleich viele Schwestern, die in kleineren Hausgemeinschaften zusammenwohnen, einen offeneren Austausch untereinander aufgenommen haben. Frauen scheint das leichter zu fallen als Männern, und die Nonnen, die Glaubensgruppen gebildet haben, sind oftmals „heiliger" – im Sinn von heiler, erfüllter und glücklicher – als ihre Vorläuferinnen noch vor einer Generation.

Zur Glaubensgemeinschaft gehört Risikobereitschaft, weshalb viele Menschen sie ablehnen. Über die Erwähnung der Äußerlichkeiten in unserem Leben hinauszugehen und ehrlich über das zu sprechen, was in unserem Inneren vorgeht, heißt, vor anderen unsere Schwächen und Mängel auszubreiten. Wir würden es vorziehen, nicht über die Trockenheit und die toten Punkte in unserem geistlichen Leben zu sprechen, und wir würden es lieber vermeiden, die Schwierigkeiten zur Sprache zu bringen, die wir im Umgang mit anderen haben. Wenn wir so viel von uns preisgeben, setzen wir uns schutzlos dem Urteil und der Kritik anderer aus.

Aber es ist unmöglich, im Gebet oder im Vertrauen anderen gegenüber zu wachsen, wenn wir nicht offen und ehrlich über die Glaubensbeziehungen in unserem Leben reden.

Der Dialog im Rahmen der Glaubenskommunikation ist natürlich nicht auf der ganzen Linie negativ. Wir teilen nicht nur mit, wo es in unseren Beziehungen zu Gott und den Menschen, denen wir nahestehen, hapert. Wir teilen auch mit, was in diesen Beziehungen gut geht. Wir sprechen über die Gnaden, die Gott uns erwiesen hat, die Freuden, die uns durch die Verbundenheit mit Gott geschenkt wurden, und die Einsichten, die uns im Gebet aufgegangen sind. Ähnlich sprechen wir auch über die Gaben, mit denen andere aus der Gruppe uns beglückt haben; wir verstärken das Gute, das sie getan haben; wir bringen unseren Dank für die Zuwendung und Aufmerksamkeit zum Ausdruck, die wir von ihnen empfangen. Es ist eher das Licht, das wir miteinander teilen, als das Dunkel, dessen Aufdeckung wir riskieren, was uns echte Glaubensgemeinschaft wie eine helle Fackel erleben läßt.

Wenn wir noch nie in einer Glaubensgruppe gewesen sind, können wir uns wohl kaum vorstellen, daß man zur Erneuerung der Kirche auf Ortsebene sogar *noch* einen Schritt weiter gehen muß. Dieser Schritt sollte diejenigen, die mit der Geschichte der Ordensgemeinschaften in der katholischen Kirche vertraut sind, nicht überraschen: Das Ideal dieser Gemeinschaften, angefangen bei den vom heiligen Benedikt gegründeten Klöstern der Frühzeit bis hin zu dem in jüngster Zeit von Mutter Teresa gegründeten Orden, geht über die Glaubensgemeinschaft hinaus zur Lebensgemeinschaft.

In Ordensgemeinschaften legt man seit altersher drei Gelübde ab: die Gelübde der Armut, der Keuschheit und des Gehorsams. Leider ist der Sinn dieser Gelübde im Lauf der Jahrhunderte verdunkelt worden. Wir neigen dazu, sie abstrakt aufzufassen als Verzicht auf Geld, Sex und Freiheit zwecks Erlangung einer himmlischen Belohnung; ihr ursprünglicher Sinn war jedoch viel konkreter und realistischer. Ihr eigentlicher Sinn war es, Menschen zu einem gemeinsamen Leben zu vereinen.

Die Gelübde werfen drei Grundsatzfragen zur bestmöglichen Art auf, in Gemeinschaft zu leben: Stelle ich, was ich habe, anderen zur Verfügung, oder behalte ich alles für mich? Liebe ich viele Menschen, oder liebe ich unter Ausschluß aller anderen nur ein paar? Tue ich, wozu andere mich brauchen, oder tue ich nur das, worauf ich Lust habe? Das sind die wirtschaftlichen, gesellschaftlichen und politischen Grundsatzfragen, die sich früher oder später jedem Menschen stellen, der über seine Beziehungen zu anderen und seine Verantwortung ihnen gegenüber nachdenkt. Die herkömmlichen Gelübde sagen deutlich, daß das ideale Leben ein miteinander geteiltes Leben ist.

Das Gemeinschaftsleben ist in vielerlei Hinsicht ein freiwilliger Kommunismus. Dieses Ideal war schon in der urkirchlichen Gemeinde vorhanden, und man hat es bei der Gründung von Ordensgemeinschaften immer wieder betont. Wenn die Kirche von Anfang an dem Ideal des Teilens treu geblieben wäre, hätte man nicht eigens Klöster und Orden gebraucht. Wenn die Kirche das Ideal nicht hinter Klostermauern verbannt, sondern darauf bestanden hätte, daß es wesentlich zum Christenleben gehört, wäre der Welt vielleicht die Bedrohung durch den totalitären Kommunismus erspart geblieben, der letztlich eine Perversion des christlichen Ideals ist.

Heutzutage entdecken nicht nur Mönche und Nonnen, sondern auch Laien die Schönheit und die Bedeutung des gemeinsamen Lebens. Immer wieder liest man, daß eine Gruppe von Menschen eine Lebensgemeinschaft gegründet und das Wagnis eines engen Zusammenlebens auf sich genommen hat. Hierzulande nennt man diese Gruppen manchmal christliche Gemeinschaften, alternative Gemeinschaften oder Bundesgemeinschaften. Eine Reihe von ihnen hat sich aus Samenkörnern entwickelt, die von der charismatischen Erneuerung ausgestreut worden sind, und die zuerst zu Gebetsgruppen, dann zu Glaubensgruppen und schließlich zu Lebensgemeinschaften herangewachsen sind.

Die „New Jerusalem Community" in Cincinnati, Ohio, ist solch eine Gruppe, in der Menschen gewillt waren, diesen letzten Schritt zu wagen. Die Gemeinschaft ist in den frühen siebziger Jahren aus dem Bedürfnis von Gymnasiasten entstanden, die geistliche Erneuerung fortzusetzen, die sie bei Wochenend-Exerzitien unter meiner Leitung erlebt hatten.

Die ursprüngliche Dienstgruppe ist von sechs auf zwölf auf 24 Mitglieder angewachsen und hat sich Monat um Monat verdoppelt, bis Mitte der siebziger Jahre weit über achthundert Teilnehmer zu den wöchentlichen Gebetstreffen kamen. Der Gebetsgruppe, die nun nicht mehr nur aus Schülern bestand, gehörten Menschen aus ganz Cincinnati und aus allen Schichten an. Eine Stammgruppe bildete den Kern dieser wachsenden Gemeinschaft. Sie hat die Gebetstreffen vorbereitet und die verschiedenen Dienste geleitet, die notwendig wurden, wie z. B. ein „Leben-im-Geist"-Seminar als Einführung in das Leben der Gemeinschaft für die Neuankömmlinge, einen Kassetten- und Bücherdienst zur geistlichen Vertiefung und einen Gebetsdienst zu geistlicher Krankenheilung.

Mit der Zeit hat die Glaubensgemeinschaft bei der

Stammgruppe die Überzeugung entstehen lassen, daß sie Gott zu einer noch tieferen Hingabe aneinander führen wollte. Nach monatelangem Beten und Abwägen haben viele Mitglieder sich entschlossen, nach Winton Place, einer etwas abgelegenen Wohngegend zu ziehen, wo ihnen Erzbischof Joseph Bernardin die Nutzung einer kleinen Schule und eines alten Klosters angeboten hatte, die die Pfarrei St. Bernhard nicht mehr brauchte. Die Gemeinschaft hat beide Gebäude renoviert; und durch buchstäblich Hunderte von Sitzungs-, Gebets- und Arbeitsstunden ist aus New Jerusalem eine Lebensgemeinschaft geworden.

Wie eins ihrer Mitglieder es einmal ausgedrückt hat, „unterscheidet sich eine normale Pfarrei von New Jerusalem wie ein Kreuzfahrtdampfer von einem Ozeanfrachter. In der Pfarrei werden Tausende von Menschen von einer kleinen Mannschaft bedient. In New Jerusalem sind wir alle Mannschaft". Jeder in der Gemeinschaft tut etwas, um die Bedürfnisse anderer in der Gemeinschaft oder die Bedürfnisse von Menschen in der Umgebung oder in der Diözese zu erfüllen, in der die Gemeinschaft ihren Sitz hat. Die etwa dreihundert Erwachsenen und Kinder in New Jerusalem bilden Kreise von etwa fünf bis fünfzehn Mitgliedern – klein genug für den persönlichen Austausch über den Weg des Glaubens und die Pflege menschlicher Beziehungen von Angesicht zu Angesicht. Sie stehen einander in geistlicher, emotionaler und sogar finanzieller Hinsicht bei, so gut sie können. Sie arbeiten, spielen und beten miteinander und werden füreinander zur christlichen Familie. Die meisten Erwachsenen gehören einem oder mehreren der vielen Dienstbereiche an, die das Leben der größeren Gemeinschaft aufrechterhalten: Dienst nach außen, Einführung neuer Mitglieder, Liturgie, Musik, persönliche Seelsorge, religiöse Unterweisung, Gebäudeinstandhaltung, Koordinierung der Dienste usw. – oder die Dienste, die New Jerusalem für Außenstehende leistet: Teams zur geistlichen Erneuerung von Pfarreien, „Friede-und-Gerechtigkeit"-Gruppen, Programme für ältere Mitbürger und für Jugendliche des Viertels, Ausgabe von Lebensmitteln und Kleidung an Arme usw.

Das beste Bild zur Beschreibung solch einer Lebensgemeinschaft ist das eines lodernden Feuers. Viele Menschen widmen der Gemeinschaft Zeit und Kraft und verzichten zum Teil auf ihr Privatleben, um das Feuer in Gang zu halten. Doch durch ihre Bereitschaft, ein Stück ihres eigenen Lebens zum Wohl des Ganzen beizusteuern, erzeugen sie viel mehr Licht und Leben als sie je im Alleingang erzeugen könnten. Sie empfangen mehr, als sie einander schenken, und es bleibt genug übrig, es mit Außenstehenden zu teilen. Sie werden, wie Jesus es ihnen vorausgesagt hat, zur Stadt auf einer Höhe, zum hellen Licht auf einem Berg und zum Leuchtfeuer, das andere anzieht.

Die gemeinschaftliche Identität einer Kommunität wie New Jerusalem bindet natürlich viel stärker und tiefer als die bloß institutionelle Identität, die die meisten Katholiken der Kirche gegenüber empfinden. Es ist eine Identität, die aus persönlicher Verbindlichkeit, Investition und Verwundbarkeit entsteht. Ansatzweise finden sich diese drei Eigenschaften auch in Dienst- und Glaubensgruppen, aber wie die Bilder, derer wir uns bedient haben, andeuten, verblassen diese anderen Gruppen im Vergleich. Wenn Menschen in allen Bereichen des Lebens füreinander da sind, hat ihre Identifikation mit der Gruppe eine solide Basis. Wenn Menschen ihre Zeit und ihre Kraft in den Aufbau der Gemeinschaft investieren, ist ihre Identifikation mit den Gruppen stark. Wenn Menschen in so enge Beziehung zueinander treten, daß sie ihre gegenseitigen

Schwächen akzeptieren müssen, schafft diese gemeinsame Verwundbarkeit ein Band, das sie zutiefst eint.

Gemeinsame Identität ist ein so wichtiger Punkt, daß wir untersuchen müssen, was er für das Kirche-Sein vor Ort bedeutet. Letzteres heißt für die meisten von uns, einer Pfarrei anzugehören. Da es unrealistisch ist, anzunehmen, die Amtskirche werde die Pfarreien auflösen und allen Katholiken die Weisung erteilen, sich statt dessen kleineren Gemeinschaften anzuschließen, die das Leben miteinander teilen, müssen wir uns überlegen, wie man solche Gemeinschaften im Rahmen bestehender Pfarreistrukturen bilden kann.

Erstens und ganz grundsätzlich ist es nicht mehr möglich, die *Illusion* aufrechtzuerhalten, man könne für sich allein Katholik sein. Die Botschaft, die unsere unpersönliche Großpfarrei vermittelt, lautet: es ist in Ordnung, anonymer Katholik zu sein – ohne andere in der Pfarrei zu kennen oder sich um sie zu kümmern. Trotz aller Kanzelrhetorik von der „Pfarrfamilie" meinen die meisten Katholiken, es genüge, einmal wöchentlich zur Messe zu gehen und ansonsten sein Leben für sich allein zu führen. Die Pfarrei hat die Züge der modernen „Mikrowellen-Familie" angenommen, wo jeder nach Belieben kommt und geht und nur schnell eine Pause in der Küche einlegt, um sich etwas heiß zu machen. Ebenso meinen heute Katholiken anscheinend, sie müßten nur zur Kirche gehen, um geistlich aufzutanken und dann wieder für eine Woche ihre eigenen Wege zu gehen.

Es ist nicht der Sinn des Evangeliums Jesu, daß man es allein lebt. Die Vorstellung, man könne für sich allein nach dem Evangelium leben, beruht auf der individualistischen Tendenz der modernen Kultur. Man hat weder im Mittelalter noch im vorausgehenden Altertum sein Christentum allein gelebt. Von Anfang an hat das Evangelium den Sinn gehabt, von der Kirche, von einer Gemeinschaft gläubiger Menschen, von einem Leib Christi gelebt zu werden, dessen Glieder miteinander verbunden sind.

Wenn Menschen versuchen, das Evangelium für sich allein zu leben, wird es eher zur privaten Philosophie als zu einer gemeinsamen Lebensform, eher zu einer Sammlung abstrakter Begriffe als zu einer Offenbarung, wie man das Leben in heiligen und heilen Beziehungen führen kann. Wenn uns das Neue Testament etwas lehrt, dann dies, daß nicht einsames Denken, sondern Lieben und Sorgen, Verteilen und Teilen mit anderen der Weg zum Heil sind. Und da uns die eigene Identität durch personale Beziehungen bewußt wird, wird uns unsere christliche Identität in erster Linie durch unsere Verbundenheit mit anderen in einer christlichen Gemeinschaft bewußt.

Der Versuch, das Evangelium im Alleingang zu leben, läuft in der Regel auf ein Sammelsurium von Glaubenssätzen hinaus, die ohne praktische Folgen bleiben. Ohne fremde Hilfe sind wir nicht gewillt, das Wagnis auf uns zu nehmen, das die Nachfolge Jesu tatsächlich von uns verlangt. Wir neigen dazu, kein Risiko einzugehen, sondern zu tun, was in der Welt ringsum akzeptiert wird. Wir überhören das Evangelium, das uns und unsere Gesellschaft zur radikalen Bekehrung aufruft.

Wenn wir keinem Leib Christi angehören, der in seiner Vision vom Gottesreich eins ist, fühlen wir uns nackt und einsam und haben Angst davor, uns zu verändern, um ins Gottesreich zu gelangen und diese Vision zu verwirklichen. Wenn es um schwierige Fragen geht wie z. B. um das Recht auf Leben, Kernwaffen und die Solidarität mit den Armen, geben wir nur ungern zu, daß solche Fragen etwas mit dem Evangelium Jesu zu tun haben. Die Pfarrei sollte der Ort sein, wo man hören kann, wie Jesus die brennenden Fragen der modernen Gesellschaft angeht, und wo man auch die ganz schwierigen Fragen direkt anpackt.

Zweitens müssen wir dann solche Fragen in der Pfarrei aufwerfen und vereint um ihre Lösung ringen. Wir müssen immer wieder fragen, was es heißt, Leib Christi zu sein, der in der Welt von heute das Evangelium lebt. Wenn wir bohrende Fragen nach Sinn und Ziel unserer Jesusnachfolge stellen, wird uns tiefer bewußt, wer wir als Glieder der Kirche sind.

Wenn wir versäumen, solche Fragen zu stellen, kommen wir nur denen entgegen, die eigentlich nicht daran interessiert sind, Christi Ruf zur Umkehr zu folgen. Wenn wir so etwas nicht zur Sprache bringen, fordern wir niemals Menschen heraus, die sich herausfordern lassen würden. Statt dessen lassen wir alle in die trügerische Selbstgefälligkeit abrutschen, die darin besteht, mit den Verhältnissen im eigenen Leben, im Leben der Kirche und mit der Lage der Welt zufrieden zu sein. Die ersten Worte im öffentlichen Wirken Jesu waren ein Ruf zur Umkehr und die Aufforderung, ins Gottesreich einzutreten: „Die Zeit ist erfüllt, das Reich Gottes ist nahe. Kehrt um, und glaubt an das Evangelium!" (Mk 1,15).

Drittens müssen wir einsehen, daß der Weg des Glaubens ein Prozeß ist. Obgleich jeder, der sich wirklich zur Nachfolge Christi entschlossen hat, bereit ist, im Glauben einen Schritt zu tun, ist doch nicht jeder in der Lage, gleich den Sprung in die Lebensgemeinschaft zu wagen. Wenn sie geistliches Wachstum fördern will, muß die Pfarrei also für ein Milieu sorgen, wo Menschen den nächsten Schritt tun können, der für sie „dran" ist – sei es, daß sie beten lernen, die Heilige Schrift verstehen, anderen dienen oder öffentlich für den Frieden eintreten oder sich für die Gerechtigkeit einsetzen. Dazu braucht man viele Programme zur Evangelisierung und zur Einführung in das christliche Leben, Dienstgruppen aller Art, viele Gelegenheiten zum Engagement, Glaubenskommunikation auf vielen Ebenen und viele Einladungen zum gemeinsamen Leben. Indem die Gläubigen auf den verschiedenen Etappen ihres Glaubensweges zu unterschiedlichen Gruppen Beziehung aufnehmen, können sie sich jeweils bei denen wiederfinden, die bei ihrer Identitätssuche in der Kirche Wachstum und Ziel mit den gleichen Augen sehen wie sie selbst.

Wenn wir in der Kirche nicht diese Vielfalt einräumen, fühlen sich die Menschen schnell in ihrer Erwartung getäuscht und ziehen sich nach einem Ausbruch erster Begeisterung von der Kirche zurück. Sie machen etwa einen weiteren Cursillo oder Glaubenskurs mit und stellen nach einer Weile nur fest, daß dieses Programm den Bedürfnissen ihrer Entwicklungstufe nicht mehr entspricht. Bei vielen Gebetsgruppen der charismatischen Erneuerung hat es sich gezeigt, daß Menschen sich der Gruppe anschließen, eine Zeitlang mitmachen und dann wegbleiben. Vielleicht hat die Gruppe sie nicht weitergeführt und unterstützt, als sie hörten, wie sie Gott zu einer tieferen Umkehr oder zu neuen Diensten aufrief. Oder sie haben sich nicht mehr wohlgefühlt mit der Richtung, die die Leitung der Gruppe verfolgte, aber sie hatten keine andere Wahl als in dieser Gruppe zu bleiben oder es auf eigene Faust zu versuchen.

Ganz ähnlich wird, wenn in einer Pfarrei nicht viele Arbeits-, Dienst- und Wachstumsgruppen vorhanden sind, jeder versuchen, die gesamte Pfarrei so umzufunktionieren, wie es seinen speziellen Bedürfnissen entspricht. Dabei wird die Pfarrei entweder zum Supermarkt oder zum Tante-Emma-Laden. Die Supermarktpfarrei streckt ihr Angebot und trägt es bei dem Versuch, für jeden etwas zu bieten, ganz dünn auf. Als Tante-Emma-Laden versucht die Pfarrei nicht mehr, vielen unterschiedlichen Bedürfnissen zu genügen, und beschränkt sich darauf, die gängigen Artikel für den Hausbedarf zu liefern. In beiden Fällen versucht eine kleine Gruppe von Mitarbeitern, die ganze Arbeit zu tun, und hat dabei mit dem Leben der Gläubigen genauso viel Kontakt wie die Kassiererin in einem Selbstbedienungsladen. Zur Vertiefung identitätsstiftender persönlicher Beziehungen besteht keine Gelegenheit. Und es gibt in solchen Pfarreien keine andere Vision von Kirche, als die eines Dienstleistungsbetriebs für geistliche Bedürfnisse.

Viertens müssen die Pfarreien nicht nur differenziert sein, sie müssen auch Ziele haben. Die Menschen brauchen, wenn sie wachsen sollen, Orientierung, und kleine Gruppen brauchen ein Ziel, wenn sie den Zusammenhalt haben sollen, der für ihr Fortbestehen unerläßlich ist. Das gilt auch für die Pfarrei als Ganzes. Wenn man in der Großgruppe keine Linie spürt, steht die Pfarrei zwar weiterhin als geographische Größe im Stadtplan, bricht aber als Gemeinschaft auseinander.

Der liturgische Jahreskreis mit seiner ewigen Wiederkehr der Glaubensfeste besitzt eine Schönheit eigener Art. Wie die Bahnen, in denen sich das Familienleben bewegt, sorgt die zyklische Kraft der Riten und der Wiederholung für ein Gefühl vertrauter Geborgenheit, das wir für unsere Identität als Kirche brauchen. Sie gleicht der weiblichen Kraft der Mutter, die Tag für Tag Mahlzeiten auf den Tisch bringt und Monat für Monat Geburtstage und andere Familienfeiern vorbereitet.

Doch wie die Familie braucht auch eine größere Gemeinschaft „männliche" bzw. richtungsweisende Energie. In der amerikanischen Durchschnittsfamilie stammt die Kraft, die den Kindern die Richtung weist, aus ihnen selbst: Sie wachsen der Reife entgegen und üben ihre Schwingen, bis sie eines Tages flügge sind und das Nest verlassen. Die Kraft, die die Eltern leitet, stammt aus ihren persönlichen Zielen: mehr Geld zu verdienen, in ein größeres Haus oder eine bessere Gegend zu ziehen, eine Ausbildung oder eine befriedigendere Stellung zu erhalten und – hoffentlich – in ihren persönlichen Beziehungen und im Dienst am Nächsten vorwärtszukommen.

Die Pfarrei ist, um diese Analogie in größerem Maßstab weiterzuspinnen, so etwas wie eine Planwagen-Karawane. Man muß die Wagen jeden Abend zur Burg zusammenstellen, damit die Menschen sich ausruhen, ein Zusammengehörigkeitsgefühl entwickeln und sich versorgen lassen können. Die zyklischen Muster im Leben einer Pfarrei sorgen für die weibliche Energie zur Intensivierung der Beziehungen und der gegenseitigen Fürsorge. Doch bei Tagesanbruch muß der Wagenmeister die Richtung angeben und sich an die Spitze des Zuges setzen, wenn die Leute ein Ziel erreichen wollen. Ohne männliche Energie, die etwas damit zu tun hat, Ziele und Absichten zu verfolgen, geraten die Menschen auf Kreisbahnen, die nirgendwohin führen. Jahr für Jahr stellen sich dann Fragen wie: „Müssen wir wirklich jeden Sonntag zur Messe gehen?" – „Wie weit können wir gehen, bevor etwas Todsünde wird?" – „Warum ist der Firmunterricht nicht besser?", Diese Reihe endlos wiederkehrender Fragen ließe sich beliebig erweitern.

Der Ruf des Evangeliums fehlt solchen ständig rotierenden Anliegen völlig. Das recht verstandene Evangelium führt uns über Fragen der Besitzstandwahrung hinaus zu Fragen, wie neue Pfade zu erschließen sind. Es führt uns über die Anliegen des persönlichen Seelenfriedens und der Sicherung des Fortbestandes der Gruppe hinaus zu den Zielen, die am Horizont locken. Wenn wir gemeinsam den Weg des Glaubens gehen, bewegen wir uns ständig auf den Horizont zu, und als Volk auf dem Weg empfinden wir stärker, daß wir ein Volk sind.

Fünftens muß die Pfarrei sowohl nach innen wie auch nach außen ausgerichtet sein. Sie muß nach innen ausgerichtet sein mit dem Ziel, Gott zu suchen und zum Mittelpunkt ihres Lebens zu machen, aber sie muß auch nach außen ausgerichtet sein mit dem Ziel, daß die Welt umkehrt und daß das Gottesreich errichtet wird.

Aus diesem Grund brauchen Pfarreien sowohl Gebets- als auch Aktionsgruppen, sowohl Selbsthilfegruppen als auch missionarische Gruppen. Da alle Gruppenarbeit innerhalb der Pfarrei auf Glaubens- und Lebensgemeinschaft hinausläuft, wird die Pfarrei im Idealfall sowohl nach innen als auch nach außen ausgerichtet sein, zum Gebet und zur geistlichen Entscheidungsfindung zusammenkommen, gemeinsam ein Ziel verfolgen, sich wieder zur Reflexion zusammenfinden und dann abermals den Weg des Glaubens einschlagen. Ein Versuch solch einer Verbindung ist unser „Center for Action and Contemplation" in Albuquerque, New Mexico, ein geistliches Trainingszentrum, das wir für Laien eingerichtet haben, die sich in der Sozial- und Friedensarbeit engagieren.

Leider entwickeln heute viele Gruppen in der Kirche eine Vorliebe für den einen oder den anderen Typ, anstatt beide miteinander zu verbinden. Entweder konzentrieren sie sich auf die weibliche Kraft und stellen Beziehungen her, oder auf die männliche und verfolgen Ziele. Wenn sie das tun, verlieren sie oft die Gemeinschaftsidentität. Erneuerungsprojekte und Gebetsgruppen, die nie über die Eingangsstufe der ersten Begegnung mit Gott hinaus den Schritt zum Hören auf das tun, was Gott von ihnen als Gruppe erwartet, gehen wahrscheinlich ein. Aktionsgruppen, die sich nicht die Zeit nehmen, miteinander zu beten, den Glauben miteinander zu teilen und einander beizustehen, werden zu Cliquen von Individualisten, die allein zurechtzukommen versuchen.

Zu viele Ordensgemeinschaften sind, anstatt Glauben und Leben miteinander zu teilen, in die Falle geraten und zu Ansammlungen von Menschen geworden, die zufällig unter ein und demselben Dach wohnen. Das ist einer der Gründe, weshalb sich immer weniger junge Menschen zum Ordensleben hingezogen fühlen. In ihren Augen braucht man keinem Orden anzugehören, wenn man dem Nächsten auch dienen kann, ohne sich lebenslänglich zu verpflichten. Es lockt sie nicht, in einen Orden einzutreten, wenn er für sie keine Gemeinschaft von Menschen darstellt, die auf Gott ausgerichtet sind und die jene engen und herzlichen Beziehungen unterhalten, die man zum geistlichen Wachstum braucht.

Jetzt könnte man mit Recht fragen, ob es denn überhaupt Pfarreien gibt, in denen die eben aufgezählten fünf Leitlinien in die Praxis umgesetzt werden – oder ob dieses Modell nur der phantastische Traum eines verschrobenen Träumers ist? Zum Glück ist es nicht bloß ein Traum, sondern Wirklichkeit. Zugegeben – man trifft diese Realität heute nur an wenigen Orten an. Aber die Tatsache, daß es solche Pfarreien tatsächlich gibt, beweist, daß sich die Kirche auf dieser Linie erneuern kann.

In jeder amerikanischen Großstadt und auch in einigen kleineren Städten gibt es wenigstens eine Kirche, wie wir sie beschrieben haben. Manchmal sind es katholische Pfarreien und manchmal protestantische Gemeinden, aber sie beweisen, daß das Modell funktioniert. Besondere Erwähnung verdienen die episkopale Church of the Redeemer in Houston, die presbyterianische College Hill Church in Cincinnati, die katholischen Pfarreien Corpus Christi in Rochester, St. Noel in Cleveland und Holy Redeemer in San Francisco.

Die New Jerusalem Community in Cincinnati ist natürlich auch ein Beispiel, wenn sie auch eine überpfarrliche katholische Gemeinde ist. Weitere Kommunitäten, katholische wie protestantische, sind in den letzten zwanzig Jahren an einer Reihe von Orten im ganzen Land entstanden. Auch nicht zwei der eben erwähnten Pfarreien und Gemeinden haben das Modell auf genau dieselbe Weise in die Praxis übersetzt. Die meisten von ihnen haben sich sogar ohne solch ausdrückliche Leitlinien entwickelt. Wenn man aber in der Rückschau die Geschichte ihrer Erneuerung betrachtet, so haben sie samt und sonders irgendwie alle fünf Leitlinien gefunden und befolgt.

Auf die hervorragendsten Beispiele für diesen Erneuerungsprozeß stößt man jedoch nicht in den Vereinigten Staaten, sondern in den wirtschaftlich benachteiligten Ländern der Dritten Welt. In Lateinamerika, Afrika und Asien tritt allmählich ein neues Modell an die Seite der herkömmlichen Pfarrei: die „Basis-Gemeinde". In Brasilien z. B. gibt es jetzt zwischen achtzigtausend und hunderttausend solcher kleinen Gemeinden, die in diesem Land, praktisch gesehen, die eigentlichen Pfarreien sind. Die große Pfarrkirche entspricht nunmehr der Kathedrale eines Bistums, und man sucht sie nur bei besonderen Anlässen auf.

Einer typischen Basis-Gemeinde können so wenig wie zehn oder so viel wie hundert Familien in einem Stadtteil oder auf einem Bauerndorf angehören. In jedem Fall ist die Gemeinde so klein, daß die Menschen einander persönlich kennen. Man nimmt die praktischen und religiösen Bedürfnisse untereinander wahr, betet miteinander, studiert gemeinsam die Heilige Schrift und spielt miteinander. Man dient einander und packt gemeinsam Probleme an, von denen alle betroffen sind. Wenn ein Priester die Gemeinde besuchen kann, was vielleicht einmal monatlich geschieht, feiern sie zusammen Eucharistie. Doch wenn sie das tun, haben sie wirklich etwas zu feiern: den Geist des auferstandenen Herrn, der in einem erkennbaren Leib Christi lebt.

Die Erneuerungsgemeinden hierzulande und die Basis-Gemeinden in der Dritten Welt zeigen uns, daß man in der Welt von heute tatsächlich auf eine neue Weise katholisch sein kann. Wenn man den Zustand der Pfarreien bei uns ansieht, könnte man leicht zu dem Schluß kommen, daß Gott uns allmählich in diese Richtung schubst. Obgleich wir um Priesterberufe beten, um den Fortbestand des herkömmlichen Pfarrsystems zu sichern, scheint Gott dieses Gebet nicht zu erhören.

Vielleicht will der Geist uns sagen, daß ein neuer geschichtlicher Zeitpunkt da ist und das Weitermachen nach altem Muster nicht mehr das Beste ist. Der Heilige Geist hat auf dem Zweiten Vatikanischen Konzil den jungen Wein der Erneuerung in die Kirche gefüllt, und nun stellen wir fest, daß der neue Wein neue Schläuche braucht. Jesus hat es vorausgesagt: „Niemand füllt neuen Wein in alte Schläuche. Denn der neue Wein zerreißt die Schläuche; er läuft aus, und die Schläuche sind unbrauchbar. Neuen Wein muß man in neue Schläuche füllen" (Lk 5,37f).

Es sieht so aus, als würden unsere Gebete um Erneuerung erhört – doch auf weit erstaunlichere Weise als wir es je erwartet hätten. Gott scheint uns sagen zu wollen, daß es für die Kirche an der Zeit ist, eine neue Identität zu finden, denn unsere alte katholische Identität erodiert, und wir werden gezwungen, uns nach einer neuen umzusehen. Wie das alt-ehrwürdige katholische Gebet es nahelegt, erneuert der Heilige Geist, wenn Gott aussendet, das Antlitz der ganzen Erde total.

## Kirchliche Autorität

Der dritte Bereich des katholischen Lebens, der problematisch geworden ist, ist die Autorität in der Kirche. Bei der Behandlung der Schattenseite des Katholizismus haben wir schon den negativen Einfluß des Autoritarismus und Klerikalismus in der institutionellen Kirche berührt. Bei der Behandlung der Lichtseite des Katholizismus haben wir auch erwähnt, daß Autorität zur Bildung von Gemeinschaft notwendig ist, da ohne einen Brennpunkt der Einheit die einzelnen ihre eigenen Wege gehen und Gemeinschaften zerfallen.

Wie also sieht die Autorität aus, die heute für die Erneuerung der Kirche unerläßlich ist? Woher stammt die Autorität in der Kirche? Niemand kann bezweifeln, daß die Autorität der Kirche letztlich von Gott stammt. Wenn die Kirche Gottes Volk ist, und wenn die Kirche Gottes Heilswerkzeug ist, muß sowohl die Autorität der Kirche wie auch jede Autorität innerhalb der Kirche sich letztlich von Gott herleiten.

Religion erhebt notwendigerweise einen Autoritätsanspruch. Sie ist nichts, was man nach Belieben annehmen oder lassen, ergreifen oder wegwerfen kann. Sie hat nichts mit persönlicher Neigung zu tun wie ein Hobby oder ein Beruf, oder mit der persönlichen Einstellung wie die Mitgliedschaft in einem Klub oder in einer politischen Partei. Die Religion erhebt ausschließliche Ansprüche, wo es um Sinn und Ziel des Lebens geht. Keine menschliche Autorität kann behaupten, sie wisse von sich aus, was die Religion über Ursprung und Ziel des menschlichen Daseins zu offenbaren beansprucht. Wenn die Religion überhaupt Glaubwürdigkeit besitzt, dann nur, weil ihre Autorität von Gott stammt.

Gott aber offenbart sich nicht unmittelbar. Wie der heilige Johannes unmißverständlich sagt, „hat niemand Gott je gesehen" (1 Joh 4,12). Gottes Offenbarung geschieht immer mittelbar, d. h., die Offenbarung kommt immer durch das Medium menschlicher Erfahrung zu uns. Ob Gott in Visionen oder Stimmen, in Gefühlen oder Ahnungen spricht – Offenbarung geschieht immer vermittelt durch das menschliche Vorstellungsvermögen. Ob Gott durch Jesus oder die Heilige Schrift, durch Propheten oder andere religiöse Autoritäten spricht, die Offenbarung kommt immer dadurch zu uns, daß man noch etwas außer dem jenseitigen und unsichtbaren Gott sieht oder hört.

Als Katholiken glauben wir, daß Gottes Offenbarung in erster Linie durch die Heilige Schrift und die Tradition zu uns kommt. Die Heilige Schrift umfaßt die Offenbarung, die Gott an die Israeliten durch ihre Geschichte ergehen ließ, und die Offenbarung, die Gott durch das persönliche Jesuserlebnis den Aposteln mitgeteilt hat. Die katholische Tradition umfaßt die Weisheit von Jahrhunderten, in denen Christen die Heilige Schrift bedacht und sich bemüht haben, die Stimme Gottes im eigenen Leben zu vernehmen. Wenn Gott auch zu einzelnen Menschen sprechen kann und sicher auch spricht, so glauben wir, daß Privatoffenbarungen immer danach beurteilt werden müssen, wie sie sich zu der eigentlichen Offenbarung der Heiligen Schrift nach im jüdisch-christlichen Verständnis verhalten.

Doch nicht jeder ist Bibelwissenschaftler oder Kirchenhistoriker. Deshalb glauben Katholiken auch, daß die Kirche selbst und an erster Stelle ihre Oberhirten eine besondere Vollmacht besitzen, wenn es darum geht, die Heilige Schrift im Licht der großen Tradition auszulegen. Der Papst, die Bischöfe und die Ortsgeistlichen sind Vermittler dessen, was Gott heute in der Kirche offenbart.

Als Katholiken können wir also sagen, daß sich religiöse Autorität aus verschiedenen Quellen speist. Die letzte Autorität ist immer Gott. Die wichtigsten Vermittler der göttlichen Offenbarung sind Schrift und Tradition. Ausgelegt wird diese Offenbarung in unserer Zeit durch die Kirche, deren Glauben durch ihre pastorale Leitung zum Ausdruck kommt. Doch glauben wir auch, daß Gott vollmächtig zu einzelnen Menschen spricht, z. B. durch ihr Gewissen.

Einer der großen Vorteile unseres katholischen Bekenntnisses besteht darin, daß wir nicht allein sind, wenn es darum geht, herauszufinden, was Christsein heißt. Anders als Protestanten in ihren ziemlich individualistisch ausgerichteten Denominationen sind wir von der Last befreit, die Heilige Schrift ganz allein auslegen oder zwischen widersprüchlichen Auslegungen wählen zu müssen, die von zahllosen Autoren und Rundfunk- oder Fernsehevangelisten angeboten werden. Wir sind in der glücklichen Lage, auf den Schultern derer stehen zu können, die uns in der katholischen Tradition vorangegangen sind, und können darauf vertrauen, daß ihre Gotteserfahrung echt und ihr Verständnis der Offenbarung solide war. Wir können uns nicht nur an die Grundaussagen des Glaubens halten, die in amtlichen Urkunden der Kirche stehen, sondern auch an die Schriften der Heiligen und Theologen, die sich in die Heilige Schrift versenkt und mit denselben Problemen gerungen haben, vor denen wir in unserem Leben stehen. Unsere Tradition ist ein Kompaß für unseren eigenen Glaubensweg, indem sie uns hin und wieder bestätigt, daß andere auch gehört haben, was Gott uns, zu sagen scheint, und indem sie uns manchmal auch etwas zeigt, was uns in der Bibel noch nicht aufgefallen war.

Allerdings dürfen wir dabei nicht vergessen, daß jeder von uns die ganz persönliche Aufgabe hat, das Evangelium zu leben. Das Herz eines Lebens nach dem Evangelium ist ein persönliches Verhältnis zu Gott; und ein wirklich persönliches Verhältnis setzt Wissen und Hingabe voraus. Wenn wir aus den Kinderschuhen herausgewachsen sind, reicht ein nur ererbter Glaube nicht mehr aus. Als erwachsene Gläubige können wir uns nicht aus der Verantwortung stehlen, indem wir sagen, wir glauben, weil man uns einst dazu angehalten hat. Auch ist es unglaubwürdig, wenn wir religiöse Praktiken nur deshalb beibehalten, weil man sie uns gelehrt hat. An einem bestimmten Punkt in unserer religiösen Entwicklung müssen wir selbst von unserem Glauben und unserem Handeln Besitz ergreifen. Andernfalls ist unser Glaube nicht wirklich unser eigener, sondern ein fremder.

Der Zweck der Auseinandersetzung mit dem religiösen Erbe besteht nicht darin, ihm blindlings zu folgen, sondern darin, vernünftig aus ihm zu lernen. Wir sollten die Heilige Schrift nicht lesen, um mühelos Antworten auf all unsere Fragen zu bekommen, sondern um uns für Gott zu öffnen, der durch sie zu uns spricht. Ebenso sollten wir uns mit der katholischen Tradition nicht vertraut machen, um sklavisch zu imitieren, was man schon immer gemacht hat, sondern um als reifer Mensch nach der Weisheit vergangener Zeiten zu suchen. Wir können uns nicht aus der Verantwortung stehlen, indem wir uns auf einen biblischen oder dogmatischen Fundamentalismus zurückziehen.

Der lebendige Kontakt mit dem Glauben der Kirche ist für uns als Katholiken auch dann von Vorteil, wenn es darum geht, Gottes Offenbarung zu verstehen. Nach katholischer Überzeugung dient neben der in der Bibel und in der kirchlichen Lehre enthaltenen Offenbarung auch der *sensus fidelium*, der „Konsens der Gläubigen", der Erkenntnis dessen, was Gott der Kirche im jeweiligen Augenblick der Geschichte offenbaren will.

Diese in der Kirche andauernde Offenbarung ist die Grundlage dessen, was Kardinal Newman die „Entwicklung der christlichen Glaubenslehre" genannt hat, das weitere ständig wachsende Verständnis von Fragen des Glaubens und der Ethik, die noch nicht Punkt für Punkt schriftlich geklärt sind. Während der ersten christlichen Jahrzehnte und Jahrhunderte z. B. hat der sensus fidelium entschieden, welche der vielen frühen Schriften in die Sammlung aufgenommen werden sollten, die wir heute Neues Testament nennen. Die Lehre von der allerheiligsten Dreifaltigkeit, die Festlegung der Siebenzahl der Sakramente, die Marienverehrung und die Heiligsprechung haben samt und sonders zu verschiedenen Zeiten der Kirchengeschichte den Konsens der Gläubigen zum Ausdruck gebracht.

Wenn Autorität heute in der Kirche ein Problembereich ist, liegt das zum Teil daran, daß wir die Bedeutung des sensus fidelium vergessen haben. Obgleich der nationalkirchliche Katholizismus aufgeblüht ist, weil er das getan hat, was für die Gläubigen in ihrer jeweiligen Kultur gut zu sein schien – z. B. besondere Feste und spezielle religiöse Bräuche –, hat der institutionelle Katholizismus die entgegengesetzte Haltung betont: nämlich nur das zu tun, womit die Hierarchie einverstanden war. Das Problem wurde um so verzwickter, als in vielen Formen des katholischen Nationalkirchentums eine autoritäre Kirchenführung allgemein akzeptiert wurde. Wie wir im vorigen Kapitel festgestellt haben, läßt Paternalismus seitens des Klerus Passivität bei den Laien entstehen. Aber kirchlicher Paternalismus erzeugt, wenn die Gesellschaft weniger patriarchalisch wird, auch Widerstand und Groll.

Das Problem in der heutigen Kirche ist eigentlich nicht Autorität, sondern der Autoritarismus. Ohne Autorität kommt die Kirche, wie jede andere Institution, nicht aus. Echte Autorität inspiriert und führt: sie entwirft ein Zukunftsbild schöpferischer Möglichkeiten und autorisiert andere, ihr in diese Vision zu folgen. Der Autoritarismus dagegen engt die Perspektive ein und begrenzt den Bereich der Möglichkeiten; er schreibt anderen vor, was sie zu tun haben, und verbietet ihnen jede Abweichung.

Wenn die Hierarchie den Kontakt mit dem sensus fidelium verliert, versucht sie, Befehle zu erteilen, aber im großen und ganzen kümmern sich die Leute nicht darum. Das Volk besitzt eine gnadenhafte Intuition für das, was Gott der Kirche heute offenbaren will, und wenn die Hierarchie dem entgegensteht, sind die Menschen verwirrt und betroffen angesichts dieses Mangels an Konsens. Eine autoritäre Führung ist versucht, immer lautstärker zu behaupten, sie spräche für Gott; wenn aber die Gläubigen Gott nicht dasselbe sagen hören, verweigern sie die Zustimmung.

Damit soll nicht bestritten werden, daß die Hierarchie auch vorangehen muß, wenn sie etwas lehrt, was im Volk noch nicht allgemein akzeptiert ist. Man hat die amerikanischen Bischöfe für ihre Stellungnahme gegen den Atomkrieg und die Abschreckungsstrategie kritisiert, und sogar den Papst hat man getadelt, weil er seine Stimme gegen das Unrecht erhoben hat, das vom schrankenlosen Kapitalismus ausgeht. Gott hat die Hierarchie nicht nur damit beauftragt, in Fragen des Glaubens und der Ethik dem sensus fidelium zu folgen, sondern auch, ihn zu schulen.

Wenn wir einen Blick auf einige der Spannungen zwischen Hierarchie und Laien in der Kirche von heute werfen, können wir feststellen, daß der eigentliche Streitpunkt oft nicht die Autorität, sondern der Autoritarismus ist. Es gibt viele Meinungsverschiedenheiten auf sexuellem Gebiet, weil eine patriarchalische Kirchenführung angesichts nichttraditioneller Geschlechterrollen und Praktiken Unbehagen empfindet. Die Eignung der Frau zur Übernahme kirchlicher Ämter, die Stellung der Frau in Familie und Gesellschaft und die moralische Erlaubtheit bestimmter Sexualpraktiken sind einige der Gebiete, auf denen die Meinungen der zölibatären Männerhierarchie der Kirche und der verheirateten und unverheirateten Laien, die 99 % des Kirchenvolks ausmachen, auseinanderdriften. Zu oft hat man den Eindruck, daß die Hierarchie ihre Entschlüsse gefaßt hat, ohne den Menschen genügend Gehör zu schenken, die von ihren Entscheidungen betroffen sind.

Doch ist die Geschlechtlichkeit nicht das einzige Gebiet, auf dem die Meinungen auseinandergehen. Daß Theologen den sensus fidelium in Worte fassen können, die nicht mit der Literatur der Vergangenheit übereinstimmen, findet manchmal bei konservativen Kirchenführern kein Verständnis, die vergessen, daß sich die Glaubenslehre weiterentwickelt. In einer sich ändernden Welt muß auch die Ausdrucksweise sich ändern, in der wir über das Evangelium sprechen, wenn unsere religiöse Sprache nicht archaisch werden soll. Für die Entwicklung der Glaubenslehre braucht man immer Menschen, die avantgardistisch vorangehen. Das Kirchenvolk wird in den Schriften dieser Denker entweder seinen katholischen Glauben wiedererkennen oder nicht. Wenn nicht, verstauben diese Schriften und verfallen dem Vergessen. Wenn die Gläubigen aber in ihnen tatsächlich eine Formulierung des katholischen Glaubens erkennen, gewinnen die Schriften dieser Theologen in der Kirche an Gewicht. Das Endstadium dieser Entwicklung wird erreicht, wenn die Hierarchie den Konsens der Gläubigen konstatiert und offiziell bestätigt, was sich die Kirche bereits zu eigen gemacht hat.

Wenn die Hierarchie diesen Prozeß nicht erkennt, kommt es zum Konflikt. Das ist in der Vergangenheit geschehen, und es geschieht auch in der Gegenwart. Sogar der bedeutendste Theologe des Mittelalters, der heilige Thomas von Aquin, ist mehr als einmal von seinem Ortsbischof verurteilt worden, doch ein paar Jahrhunderte später wurden seine Schriften die gängigen Lehrbücher der Theologie. Vor wenigen Jahrzehnten hat der Vatikan Pierre Teilhard de Chardin wegen seiner Sicht der Evolutionslehre Schweigen auferlegt, doch nach seinem Tod hat seine Sicht vielen Katholiken geholfen, Gott in der Evolution am Werk zu sehen. In unseren Tagen hat man Hans Küng, Leonardo Boff, Charles Curran und Matthew Fox aus dem Verkehr gezogen, weil sie angeblich unorthodoxe Meinungen vertreten, und die autoritäre Weise, auf die man mit ihnen verfahren ist, hat in der Kirche böses Blut gemacht.

Ein weiterer umstrittener Bereich ist der Anspruch der Gläubigen auf die Bildung von priesterlosen Gemeinden zur Feier der Eucharistie. Dieser Konflikt tritt bei uns nicht so sehr in Erscheinung wie in Ländern mit großem Priestermangel, aber mit der Verschärfung des Priestermangels nähert er sich auch unseren Gestaden. Laien in den oben erwähnten Basis-Gemeinden würden z. B. gern öfter als nur einmal im Monat Echaristie feiern, was ihnen aber von kirchlichen Gesetzen verwehrt wird, die verbieten, verheiratete Männer zu Priestern zu weihen. Die Vertreter der Befreiungstheologie in der Dritten Welt setzen sich dafür ein, daß man die Gläubigen von solchen kirchlichen Einschränkungen befreien sollte, aber die Hierarchie ist noch nicht zum Wandel bereit.

Die Hierarchie muß konservativ sein, denn eine ihrer Pflichten ist die Konservierung der katholischen Tradition. Eine Hierarchie, der die Vergangenheit so egal wäre, daß sie allem und jedem gestattete, sich als „katholisch" auszugeben, würde den Auftrag nicht erfüllen, der ihr anvertraut ist. Doch auch eine Hierarchie, die so an der Vergangenheit hinge, daß sie weder Entwicklung noch Wandel zuließe, würde ebenso wenig ihrer Verantwortung gerecht. Unsere Bischöfe können heute besser zwischen billiger Anpassung an Modeerscheinungen und einer radikaleren Rückkehr zum ursprünglichen Evangelium unterscheiden (zum Beispiel, wenn es um Gewaltlosigkeit und Pazifismus, Gemeinschaft, einfache Lebensweisen und Dienst am Nächsten geht). Beides sieht nach Veränderung aus, unterscheidet sich aber sehr nach Ursprung, Intensität und Ziel.

Katholiken sollten für Veränderung mehr Verständnis haben als jemand sonst. Man frage Katholiken, was im Sakrament der Eucharistie geschieht, und sie werden sagen, daß Brot und Wein in den Leib und das Blut Christi gewandelt werden. Wandlung ist das Wesen des Hauptsymbols unseres Glaubens, des wichtigsten Sakraments unserer Kirche. Umgestaltung ist das eigentliche Anliegen unserer Theologie, nicht nur in der Lehre von der eucharistischen Wesensverwandlung, sondern auch in unserer ganzen Sakramententheologie und in unserer Spiritualität. Durch die Sakramente schenkt Gott uns neues Leben, und durch geistliches

Wachstum wird unser Leben ständig erneuert. Wie wir im vierten Kapitel sehen werden, sind die Heiligen die großartigsten Beispiele für die Umgestaltung in der Kirche, denn durch durch ihre Offenheit für den Geist haben sie es Gott ermöglicht, sie grundliegend und fortwährend zu verwandeln.

Das Beispiel der Heiligen gibt uns auch die Grundantwort auf das Problem der Autorität in der Kirche. Heilige sind gewöhnliche Menschen, die außergewöhnlich heilig werden, weil sie der Autorität Gottes gehorsam sind. Sie hören in ihrem Herzen auf Gott, der sie zu radikaler Umkehr und ständig neuer Umkehr ruft. Sie lesen die Heilige Schrift und sind offen für Gottes Wort, und sie erinnern sich bei der Auslegung dieses Wortes an die katholische Überlieferung. Sie haben ein Gespür für das, was Gott zu ihren Lebzeiten der Kirche sagen wird, und sie respektieren die pastorale Leitung der Kirche.

Infolge ihres Gehorsams der Autorität Gottes gegenüber, die ihnen durch ihr Gebetsleben, durch Schrift und Tradition und durch die Kirche und ihre Hirten vermittelt wird, nimmt das Leben der Heiligen eine einzigartige Authentizität an. Es ist die Authentizität des Evangeliums, die durch sie hindurch leuchtet. Weil ihr Leben die Glaubwürdigkeit des Evangeliums besitzt, bezeugt ihre ganze Lebensweise Gottes Autorität. Die Menschen werden von dieser Glaubwürdigkeit angezogen und respektieren die Autorität, die hinter ihr steht. Es ist kein Zufall, daß die meisten Stifter von Orden und geistlichen Bewegungen in der Kirche Heilige gewesen sind.

Was man von den Heiligen selbst sagen kann, kann man auch von echten christlichen Gemeinschaften sagen. Wenn Menschen glaubwürdig als Leib Christi das Evangelium leben, spricht ihr gemeinsames Leben mit der Autorität Gottes. Wenn Menschen miteinander tei-

len und füreinander da sind, wenn sie einander lieben
und vergeben, wenn sie im Reich Gottes leben und sich
dafür einsetzen, der Welt Gottes Frieden und Gerechtigkeit zu bringen, entwickelt ihre Gemeinschaft eine Autorität, auf die andere hören und von der sie lernen wollen.

Glaubwürdige Autorität in der Kirche hat seit den
Zeiten der Urgemeinde bis heute ihren Ursprung darin,
daß man das Evangelium authentisch lebt. Diese Autorität ist nicht autoritär, sondern autoritativ, nicht for-
dernd, sondern einladend, nicht schlechte Nachricht,
sondern gute Nachricht. Das glaubwürdig gelebte
Evangelium ist keine tote, sondern eine lebendige Autorität, die die Menschen aufruft, sich vom Tod zum
Leben zu bekehren, und die ihnen den Weg Jesu zu
einem ganz und gar erfüllten Leben zeigt.

Wir müssen heute in der Kirche diesen lebendigen
Sinn geistlicher Autorität wiederentdecken. Wenn wir
das Evangelium nicht nur predigen, sondern leben, wird
unser Leben die Glaubwürdigkeit des Evangeliums besitzen und unsere Predigt vollmächtig ankommen.
Wenn Eltern glaubwürdig das Evangelium leben, werden es ihre Kinder als die gute Nachricht erkennen, die
es ist. Wenn man das Evangelium in Gemeinschaften
und Pfarreien lebt, werden sie in den umliegenden
Wohnvierteln und Städten die Vollmacht Jesu besitzen.
Und wenn die Kirche auf der ganzen Welt das Evangelium lebt, wird die Kirche alle Autorität besitzen, um
Gottes Heilswerkzeug zu sein.

## Der persönliche Missionsauftrag

Die Behandlung des Themas Autorität leitet wie von selbst zum vierten Problembereich in der Kirche von heute hinüber – dem der Mission. Der eigentliche Missionsauftrag der Kirche ist es, das Evangelium zu leben und dadurch der Welt die Frohbotschaft vom Heil zu verkünden. Wenn die Kirche aber Gottes Volk ist, ist diese Mission Aufgabe des ganzen Volkes und nicht nur einzelner Beauftragter. Wenn die Kirche das Evangelium leben soll, muß jede und jeder einzelne in der Kirche das Evangelium leben. Jedes Glied der Kirche ist dafür persönlich verantwortlich. Wenn die Glieder der Kirche bei der Erfüllung dieser Pflicht versagen, versagt die Kirche bei der Erfüllung ihres eigentlichen Auftrags.

Der institutionelle Katholizismus hat unter dem Einfluß der westlichen Geisteshaltung ein durchorganisiertes Missionswesen entwickelt. Während der ersten christlichen Jahrhunderte ist die Missionsarbeit der Kirche zum größten Teil von gewöhnlichen Christen geleistet worden, die ein so außergewöhnliches Leben geführt haben, daß andere von ihrer Lebensweise angezogen wurden. Abgesehen von ein paar einzigartigen Persönlichkeiten wie dem heiligen Paulus, die von Stadt zu Stadt gezogen sind, um die frohe Botschaft von Jesus zu verkünden, besitzen wir keine Nachricht über irgendwelche planmäßige Missionstätigkeit in der frühen Kirche. Das Evangelium hat durch Menschen Verbreitung gefunden, die es schlicht und einfach gelebt haben, und die Glaubwürdigkeit ihres Lebens hatte genug Vollmacht, um das Evangelium als Weg zum Heil auszuweisen.

Die ersten planmäßig durchgeführten Missionsversuche haben einige Jahrhunderte später, nach dem Zusammenbruch des Römerreiches, stattgefunden. Die östliche Welt war vom Westen buchstäblich abgeschnitten, und der Bischof von Rom hat von sich aus Mönche aufgefordert, ihre Klöster zu verlassen und unter Lebensgefahr den Barbaren im Norden Europas das Evangelium zu bringen. Viele Männer sind bei diesem Versuch heldenhaft umgekommen, aber schließlich hat ihr Mut den Sieg davongetragen. Im neunten Jahrhundert war schon der größte Teil Europas zum Christentum bekehrt, und im elften Jahrhundert war diese Aufgabe erledigt. Diese ungeheure und langwierige Missionsarbeit hat schließlich das christliche Mittelalter hervorgebracht.

Allerdings hat diese jahrhundertelange Missionierung auch das Modell für alle künftige Missionsarbeit abgegeben. Die einzelnen Christen sahen von nun an ihren Missionsauftrag nicht mehr darin, das Evangelium so glaubwürdig zu leben, daß andere zu ihm hingezogen würden. Zum einen hatte ganz Europa wenigstens dem Namen nach den christlichen Glauben angenommen, und man brauchte nur noch die Kinder zu taufen. Aber mehr fiel ins Gewicht, daß die Katholiken von nun an für alle Zeiten Missionsarbeit mit Ordensleuten verbanden. Ein wichtiger Teil der frühen katholischen Tradition war in Vergessenheit geraten.

Das katholische Nationalkirchentum ist bei dem Modell geblieben, das sich während dieser Missionierungszeit durchgesetzt hatte. Ganz anders als der heilige Paulus, der das Evangelium verkündet und dann den Neubekehrten am Ort Aufbau und Leitung der von ihm gegründeten Gemeinden übertragen hat, haben die Mönche selbst die Kirchenleitung übernommen und, statt Gemeinden aufzubauen, Klöster gebaut. Von den Klosterleuten erwartete man, daß sie das Evangelium in höchster Vollendung lebten, doch von den Außenstehenden verlangte man nur die Beobachtung dürftigster moralischer Normen. Man schuf ein zweigeschossiges System der Heiligkeit mit dem Klerus im Obergeschoß und den Laien im Untergeschoß. Die Laien waren auf Weisung und Zurechtweisung durch den Klerus angewiesen. Sie waren nur dafür zuständig, durch Beobachtung der Zehn Gebote und der Kirchengebote „ihre Seelen zu retten". Jede Zuständigkeit für die Mission war Sache des Klerus.

Damit soll das Heldentum der Missionare der Kirche während der letzten zehn Jahrhunderte nicht geschmälert werden. Viele Ordensleute, Männer wie Frauen, haben ihr Leben damit verbracht, das Evangelium zu praktizieren und ihm Menschen zuzuführen, die ohne solch hingebungsvolle kirchliche Missionsarbeit nie von Christus gehört hätten. Daß das Christentum heute nicht bloß eine europäische Religion, sondern eine Weltkirche ist, verdanken wir dem Wirken der Missionare, die seit dem sechzehnten Jahrhundert das Evangelium nach Nord- und Südamerika, nach Afrika, Asien und Ozeanien gebracht haben.

Geographisch betrachtet waren sie erfolgreich. Im Blick auf echte Evangelisierung jedoch hat ihre Methode versagt. Das heißt, die Methode, die von der Kirche institutionalisiert wurde, um der Welt das Evangelium zu bringen, brachte nur der ganzen Welt die Institution Kirche. Das Evangelium wurde niemals von der Kirche in ihrer Gesamtheit voll und ganz gelebt – auch im „bekehrten" Europa nicht. Bestenfalls ist es den Missionaren gelungen, die „Barbaren" zu zivilisieren. Die Kriege, die den europäischen Kontinent vom Mittelalter bis ins zwanzigste Jahrhundert heimgesucht haben, beweisen, daß die Bemühungen der institutionalisierten Mission, wirklich das Evangelium zu verbreiten, gescheitert sind. Auch sollte es niemanden überraschen, daß eins der dringendsten Bedürfnisse unserer Tage die Evangelisation ist – und zwar *innerhalb* der Kirche!

Evangelisation bedeutet ganz einfach, das Evangelium so zu leben, daß andere davon angezogen und in die Kirche eingeladen werden. Sie unterscheidet sich von jener Evangelisierung, die die Gewinnung neuer Kirchenmitglieder durch Wortverkündigung und Taufe beinhaltet. Durch die Impertinenz sogenannter Fernsehevangelisten in den USA ist uns die evangelistische Szene sattsam bekannt. Das Evangelistentum hierzulande hat die Züge einer religiösen „Reise nach Jerusalem" angenommen, bei der man sich einen Augenblick lang zu einer bestimmten Kirche oder Fernseh-Gemeinde bekehrt, nur um nach einer Weile ernüchtert in die nächste Kirche zu hüpfen. Die Prediger bekehren nur die schon Bekehrten und taufen die schon Getauften ein weiteres Mal. Ihr Publikum sind Menschen, die auf Religion abfahren und gern auf kirchlich machen, indem sie Gottesdienste besuchen oder über Theologie reden.

Die Welt hat für dieses narzißtische Ersatzchristentum keine Verwendung. Sie hat diese seichte Spiritualität von Menschen, die pausenlos hören wollen, daß Gott sie liebt, daß Jesus für sie gestorben ist, und daß sie in den Himmel kommen, nicht nötig. Was die Welt immer nötig gehabt hat, und was die Kirche heute nötig hat, ist, daß man das Evangelium nicht nur predigt, sondern daß man es lebt.

Die Evangelisation der Amtskirche kann allerdings nie erfolgen, wenn sie dem Klerus oder auch einer eigens dazu ausgebildeten Gruppe von Laienhelfern überlassen wird. Wenn Evangelisation besagt, daß man lernt, das Evangelium zu leben, kann man niemand anstellen, der das gegen Bezahlung für uns tut. Wir müssen es selbst tun. Sonst versagen wir als Jünger Christi in unserem eigentlichen Auftrag, und die Kirche versagt in ihrem eigentlichen Auftrag, nämlich, das Evangelium zu leben.

Das Evangelium leben heißt ebensowenig, Bibelstellen auswendig zu lernen oder zu Gebetsgruppen zu gehen, wie es heißt, den Katechismus auswendig zu lernen und zur Messe zu gehen. Es heißt nicht, die Lösung zu *wissen* und zur Kirche zu *gehen*, sondern die Lösung zu *leben* und Kirche zu *sein*. Es heißt nicht nur, die Gebote zu halten, was alttestamentliche Ethik ist, sondern sich an den Seligpreisungen zu freuen, wie es neutestamentlicher Lebensstil ist.

In vielen Übersetzungen beginnen die Seligpreisungen, die in der Bergpredigt Jesu stehen, mit den Worten: „Selig sind..." (Mt 5,1–12). Man kann aber das griechische Wort, mit dem jede Seligpreisung anhebt, auch mit „glücklich" übersetzen. In dieser Predigt verkündigt Jesus seine Weise, glücklich zu sein und im Reich Gottes zu leben. Er sagt, daß man Glück findet, wenn man freiwillig arm ist, wenn man mit den Betrübten trauert, wenn man unten bleibt, wenn man tut, was Gott erbittet, wenn man barmherzig ist und verzeiht, wenn man ehrlich ist, wenn man für Frieden und Gerechtigkeit arbeitet. Das Evangelium ist eine gute Nachricht, weil es ein Lebensstil ist, der zum Glück führt, und zwar nicht nur für die, die es schon leben, sondern auch für die anderen, die davon profitieren.

Jesus hat jedoch das Evangelium nicht nur gepredigt, er hat es gelebt. Das Leben Christi war in sich selbst eine gute Nachricht, bevor man überhaupt davon gesprochen und sie anderen gepredigt hat. Die frohe Botschaft war, daß man so leben kann, wie Jesus gelebt hat, und daß Jesus der lebende Beweis für dieses neue Leben war. Es war das Leben, das ihm von Gott geschenkt worden war, das Leben, das alle Menschen zu Söhnen und Töchtern Gottes machen konnte.

Mit einem Wort: Jesu Leben war Dienst. Es war Dienen und Sich-Verschenken. Es war Hingabe des eigenen Lebens, damit andere leben könnten. Es war ein Leben der Kreuzigung, und im Falle Jesu wurde die Kreuzigung am Ende blutige Realität. Aber sie war nicht das Ende, denn sie führte zur Auferstehung. In unserem Fall mag „Kreuzigung" vielleicht nicht den physischen Tod bedeuten, aber sie bedeutet doch, daß wir das eigene Leben hingeben, damit andere leben können. Und sie führt noch immer zur Auferstehung. Das ist die gute Nachricht.

Das Jesusleben ist, wie alle wissen, die es ausprobiert haben, ein glückliches Leben. Es gibt kein glücklicheres oder seligeres Leben. Es ist ein Leben voller Leid, doch es wirkt Wunder. Es ist frustrierend, und doch lohnt es sich. Es bedeutet, dem eigenen Ich zu sterben, und bedeutet doch auch, neu geboren zu werden. Es bedeutet, daß man sich Feinde macht, weil es den Einsatz für Frieden und Gerechtigkeit beinhaltet, und doch ist es ein Weg zu tiefer und dauerhafter Freundschaft, weil es bedeutet, daß man Glauben und Leben mit anderen teilt.

Das Jesusleben wurzelt im Dienen, im Heilen und im Eintreten für andere. Für uns heute ist es ein Leben, das sich auf Probleme wie Obdachlosigkeit, die Fürsorge für AIDS-Kranke und Flüchtlinge, Militarismus und atomare Abrüstung, Strafgefangene und Gefängnisreform, Wohlfahrtsreform, Zufluchtstätten für geschlagene und mißbrauchte Frauen und Kinder, Hospize für Kranke und Sterbende, Armut und vieles mehr einläßt.

Es ist nicht einfach, vielleicht sogar unmöglich, ganz allein ein Jesusleben zu führen. Deshalb müssen die, die Jesus nachfolgen, Kirche, ein Leib Christi sein. Es ist die Aufgabe jedes Christen, die gute Nachricht wie Jesus zu leben. Aber diese Aufgabe kann man, realistisch betrachtet, ohne Unterstützung durch Schwestern und Brüder im Herrn nicht erfüllen. Wenn die Kirche das Evangelium lebt, können auch Menschen es leben. Und wenn Menschen miteinander das Evangelium leben, wird der Auftrag der Kirche erfüllt.

Wenn sich die Kirche in unserer Lebenszeit erneuern soll, muß das also durch das neue Leben geschehen, das Jesus uns geschenkt und ermöglicht hat. Es muß dadurch geschehen, daß wir das Evangelium leben und selbst gute Nachricht sind. Doch das kann nur geschehen, wenn sich jeder von uns den Auftrag Christi persönlich zu eigen macht. Es kann nur geschehen, wenn wir es uns zur Lebensaufgabe machen, Heilige zu sein und einander zu helfen, Heilige zu werden.

# Viertes Kapitel

# Unsere Heldinnen und Helden

In diesem letzten Kapitel greifen wir unsere Eingangs-
frage wieder auf, nämlich: Warum katholisch? Als wir
diese Frage im ersten Kapitel gestellt haben, haben wir
sie mit der Darlegung einiger positiver Aspekte des Katholizismus beantwortet. Wenn wir uns dieser Frage
jetzt nochmals zuwenden, wollen wir versuchen, sie
nicht dadurch, daß wir über Allgemeines reden, sondern dadurch, daß wir über konkrete Menschen reden,
zu beantworten. Hier geht es nicht mehr so sehr um den
Katholizismus als um Katholiken.

Bei Fragen nach der Religion geht es den meisten
Menschen weniger um abstrakte Begriffe als um Menschen. Sie lassen sich nicht von der Wahrheit des Christentums überzeugen, wenn sie nicht sehen können,
wie leibhaftige Christen es leben. Wenn sie jemand kennenlernen, der ein lebendiges Beispiel für den christlichen Glauben ist, können sie sich vorstellen, wie
auch sie selbst leben könnten, wenn sie solchen Glauben hätten. Wenn sie einen Jünger Jesu kennenlernen,
der das Evangelium lebt, können sie alle Verstandes-
schwierigkeiten überwinden, die sie vielleicht mit dem
Christentum haben. Wenn sie eine Gruppe von Katholiken kennenlernen, die in ihren Augen den Katholizismus exemplarisch lebt, können sie auch mit allen
Schwächen und Mängeln umgehen, die sie an der Kirche entdecken.

Das gilt auch für uns, wenn wir unsere Kirche zu begreifen versuchen und uns vielleicht fragen, warum wir

katholisch bleiben sollen. Einer der besten Wege, unser eigenes religiöses Erbe zu verstehen, ist die Erinnerung an die ganze Litanei derjenigen Menschen, von denen wir anerkennen, daß sie wahrhaft große Christen gewesen sind. Denn letztlich stellt der Katholizismus nicht so sehr eine Ideengeschichte dar als eine Geschichte von Menschen, und die Menschen, die wir Heilige nennen, sind die Heldengestalten dieser Geschichte. Sie sind vorbildliche Christen und Muster christlichen Lebens zugleich.

Wenn wir die Geschichte des Katholizismus studieren, stoßen wir immer wieder auf Zeiten, in denen die Kirche problembesetzt war. Manchmal kamen die Schwierigkeiten von außen, wie Verfolgungen und kriegerische Einfälle. Noch öfter aber waren es Schwierigkeiten im Inneren, Probleme von Schwäche und Unfähigkeit, von Streit und Unerbittlichkeit, von moralischer und politischer Korruption. Dann war die Kirche zeitweilig wie gelähmt und konnte die eigene Krise nicht meistern. Aber dann geschah plötzlich etwas, was die Schwierigkeiten überwand. Dieses Etwas war in der Regel ein Jemand, der die Richtung für das nächste Kapitel der Kirchengeschichte angeben konnte. Und solche Menschen waren sehr oft Heilige.

Einige der größten Heiligen konnten sich neue Wege, das Evangelium zu leben, vorstellen, wenn die alten Wege nichts mehr taugten. Einige waren Praktiker, die nicht viel geschrieben haben, aber die Gabe hatten, neues zu probieren. Einige waren nachdenkliche Menschen, deren Tätigkeit fast nur im Schreiben bestand. In seltenen Fällen gab es auch theoretische und praktische Doppelbegabungen, aber sie alle waren betende Menschen und alle haben sie das Evangelium so gelebt, wie es ihrer Zeit und ihrem Ort in der Geschichte angemessen war. Ihr Leben nach dem Evangelium hat ihr Tun und ihre Vorschläge glaubwürdig gemacht. Die Glaubwürdigkeit ihres Lebens hat es anderen ermöglicht, ihnen zu vertrauen und ihrem Wort zu folgen.

Im großen und ganzen sind die Katholiken eher dem Beispiel ihrer Heiligen gefolgt als den Ideen, die sie vorgetragen haben. Ideen sind abstrakt, das Leben aber ist konkret. Lehren können schwerverständlich sein, aber Taten begreift man leicht. Von der Theologie werden die Gläubigen oft gelangweilt, aber von den Heiligen werden sie immer fasziniert. Die Heiligen beflügeln unsere Phantasie, sie lassen unser Herz höher schlagen und wecken in uns Träume. Sie lassen uns die Welt mit neuen Augen sehen und schenken uns neue Zukunftsvisionen. Sie erschließen uns neue Möglichkeiten, das Evangelium zu leben, da sie uns zeigen, wie sie das bereits gemacht haben.

Warum das so ist, erklärt uns der Theologe Richard McBrien in seinem Buch „Catholicism": „Der Katholizismus hat sich nie gescheut, der gesamten Wirklichkeit die Dimension eines Mysteriums zuzuschreiben: dem Kosmos, der Natur, der Geschichte, Ereignissen, Personen, Gegenständen, Riten und Worten. Alles ist prinzipiell geeignet, das Göttliche zu verkörpern und mitzuteilen."

Es ist katholisch, dem unsichtbaren Gott in der und mittels der sichtbaren Welt zu begegnen. Katholiken sind eher darauf eingestellt, Gott im Leben der Menschen und im Geschehen in ihrer Umgebung zu sehen, als dazu disponiert zu sein, Gott in theologischen Lehrsätzen zu finden. Das erklärt in gewissem Umfang die Faszination der Katholiken für Heilige und den Unterschied zwischen katholischer und protestantischer Tradition. Der Protestantismus, der das gepredigte und geschriebene Wort so betont, hat sich oft schwergetan mit dem Beharren der Katholiken auf der sichtbaren, dinglichen und persongebundenen Vermittlung Gottes. Der Katholizismus hat sich anderseits immer wohlgefühlt mit Sakrament und Ritual, mit der Muttergottes und den Heiligen.

Die katholische Vorstellung, von der McBrien spricht, ist nicht reine Theorie. Der Katholizismus hat das Göttliche immer im Menschlichen gefunden. Gottes Liebe verleiblicht sich in der bedingungslosen Liebe, die Menschen füreinander empfinden, und Gottes Vergebung vermittelt sich da, wo Menschen einander bedingungslos vergeben. Im Sakrament der Versöhnung z. B. geht es nicht darum, daß Gott da oben uns hier unten vergibt. Vielmehr offenbaren wir einem anderen Menschen unsere Finsternis, um ehrlich eine Selbstoffenbarung zu vollziehen, die für die völlige Offenheit gegenüber Gott erforderlich ist, und um zu erleben, wie uns Gottes Liebe und Vergebung durch einen anderen Menschen erreicht. Zu glauben, daß wir ausgesöhnt werden ist eins; es zu erleben, ist etwas ganz anderes und viel wichtiger für unsere geistliche Entwicklung.

Letztlich sind die Welt des Geistes und die Dingwelt eins, denn beide sind sie Gottes Welt. Für uns Menschen, die wir beides sind, Materie und Geist, werden geistliche Realitäten wie Liebe, Vergebung, Ehrlichkeit, Gerechtigkeit oder Erkenntnis immer von dinglichen Wirklichkeiten vermittelt, die man sehen, berühren, fühlen und hören kann. Wenn wir reiner Geist wären, könnten wir ausschließlich spirituell mit Gott umgehen. Wie die Dinge stehen, begegnen wir Gott aber immer in unserem und durch unseren Leib. Selbst wenn wir Gott in unserer ganz persönlichen Gebetserfahrung begegnen, ist unser sehr materielles Gehirn immer tätig, um diese Erfahrung überhaupt zu ermöglichen.

Für Katholiken wird also Gottes Gnade immer durch die eine oder andere menschliche Erfahrung vermittelt. Die Gnade Jesu Christi ist den Aposteln durch ihr Christuserlebnis vermittelt worden. Die Gnade der Sakramente wird durch das Erleben der Menschen vermittelt, die sie feiern. Ebenso sind die Heiligen immer gnadenvermittelnde Kontaktpunkte gewesen, denn sie machen Gottes Wirklichkeit historisch konstatierbar und sichtbar, greifbar und glaubhaft.

Zu jeder Zeit haben die Heiligen ihrer Zeit die Wahrheit Jesu offenbart. Wir können sehen, wie Gott sich in jedem Augenblick der Geschichte offenbart, wenn wir uns die Heiligen der betreffenden Zeit anschauen. Weil sie für Gott offen waren, sind sie Vermittler von Gnade gewesen, und sie haben diese Gnade in ihrer Umwelt aufleuchten lassen. Im Leben der Heiligen können wir feststellen, wie Gott in einem Menschenleben wirkt.

Wir brauchen solche Orientierungspunkte wie die Heiligen, denn ohne sie würden wir wahrscheinlich, wenn es darum geht, das Evangelium zu leben, unseren eigenen Standard zur Norm erheben. Wir können das Neue Testament lesen, aber wir sehen es immer durch die eigene Brille. Wir können die kirchlichen Lehren studieren, aber wir filtern sie immer durch das Sieb unserer Vorurteile. Ohne selbst Heilige zu sein, gelangen wir wahrscheinlich nicht zu einem unvoreingenommenen Verständnis des Evangeliums.

Obgleich jede einzelne Heiligengestalt das Evangelium auf unverwechselbar eigene Art gesehen und gelebt hat, waren sie alle insofern unvoreingenommen, als sie ihre Privatinteressen hintangestellt und sich radikal der Wahrheit geöffnet haben, die ihnen Gott gesagt hat. Sie haben in einer so totalen Gottverbundenheit gelebt, wie es Menschen nur möglich ist. Sie haben sich vorbehaltlos darauf eingelassen, nicht das zu tun, was sie selbst wollten, sondern das, was Gott wollte. Sie haben sich ganz und gar an Gott ausgeliefert, und das hat sie heilig gemacht.

Das Haupthindernis beim Streben nach Heiligkeit ist das Ego. Nicht unsere Lebensumstände sind es, nicht die Menschen um uns her oder gar der Teufel. Das Ego ist ego-istisch, kreist um sich selbst und ist auf Selbsterhaltung aus. Es will sich nicht ausliefern, nicht auf- und nicht nachgeben. Das Ego, zu dem wir geworden sind, steht bei der Umgestaltung unseres Selbst im Weg. Das Ego, das wir zu sein glauben, will von Umkehr nichts wissen.

Die Heiligen sind die Heldinnen und Helden des Christenlebens, weil sie den mutigsten aller Schritte getan und das Ego hinter sich gelassen haben, um dem Göttlichen zu begegnen. Sie haben das Ego abgelegt, um nackt vor Gott zu stehen. Sie haben sich des Egos entledigt, um sich mit Gott füllen zu lassen. Als sie das Ego los waren, waren sie für das Ganz Andere empfänglich. Als sie das Ganz Andere in sich eingelassen hatten, haben sie ihm erlaubt, ihr Leben umzuwandeln und sie heilig zu machen.

In diesem einen Punkt sind sich alle Heiligen gleich. Doch ansonsten sind sie so verschieden wie die Zeiten, in denen sie gelebt, die Verhältnisse, in denen sie sich vorgefunden und die Charaktere, die sie besessen haben. Beides macht es schwierig, die Heiligen in Kategorien einzuordnen, da sie alle gleichzeitig ähnlich und doch so verschieden sind. Trotzdem klassifiziert die Kirche in ihrem Festkalender die Heiligen unterschiedlich als Märtyrer, Bekenner, Jungfrauen usw. Dieser Einteilung wollen wir in etwa folgen, aber wir werden auch die eine oder andere eigene Kategorie verwenden, um zu zeigen, wie sie alle, so verschieden sie auch sein mögen, im Blick auf heldenhafte Heiligkeit eins sind.

## Märtyrer

Die Helden der kirchlichen Frühzeit waren ihre Märtyrer. Weil sie alle umgebracht wurden, deckt sich in unserer Vorstellung das Wort *Märtyrer* mit Sterben. Das griechische Wort *martyrein* bedeutet jedoch einfach „Zeugnis ablegen" oder „bezeugen". Märtyrer sind Christen, die die Wahrheit des Evangeliums mit ihrem ganzen Leben bezeugen. Die frohe Botschaft besagt, daß Gottes Leben so wirklich und kraftvoll ist, daß keine Todesdrohung es schmälern und der Tod selbst ihm kein Ende setzen kann.

Vom ersten Märtyrer der Kirche, Stephanus, lesen wir in der Apostelgeschichte. Er hat wahrscheinlich nie daran gedacht, einst als „Heiliger" zu gelten. Er wollte nur in seinem Leben die Wahrheit Jesu bezeugen, aber diejenigen, die diese Wahrheit nicht hören wollten, haben ihn zu Tode gesteinigt. Zu Lebzeiten hat er Christus alles geschenkt, und statt etwas davon zurückzunehmen, hat er sein Leben vollends hingegeben. Sein Tod, sein Blutzeugnis, war nichts als die Fortsetzung seiner Lebensweise.

Den heiligen Stephanus hat man umgebracht, weil er sich gegen die Religion vergangen und Jesus als den Messias verkündet hatte. Wenn wir aber unseren Blick auf so manche richten, die im Laufe späterer Jahrhunderte den Martertod gestorben sind, können wir nicht sagen, daß man sie immer aus religiösen Motiven getötet hat. Im alten Rom war es ein politisches Verbrechen, Christ zu sein, und in England war es während der Reformationszeit todeswürdig, katholisch zu sein. Der Tod der japanischen Märtyrer im siebzehnten Jahrhundert war eher kulturell und national begründet als religiös.

Doch ganz gleich, gegen welches System sie als Zeugen

auftreten, Heilige sind immer eine Bedrohung für das System. Ihre innere Freiheit paßt in kein rigides System. Sie sind geistlich stark genug, sich jedem unterdrückerischen System zu widersetzen. Sie können sich weigern und weigern sich auch, sich vor Götzen zu beugen, mag es sich dabei um Gold oder Silber, Diktatoren oder Junten, Kanonen oder Panzer handeln. Manchmal vergessen wir das, wenn wir von der Ermordung von Christen in Lateinamerika oder Südafrika hören. Wir sind versucht, ihren Tod politischen Motiven zuzuschreiben, als ob sie das als Märtyrer diskreditierte.

Die Märtyrer des ersten Jahrhunderts sind alle aus politischen Gründen gestorben, weil sie sich der Staatsraison des Römerreiches widersetzt haben. Laurentius, Luzia, Agnes, Caecilia und viele andere sind gestorben, weil man sie als Anhänger einer verbotenen Bewegung verhaftet hatte. Statt von ihrer Treue zu Christus zu lassen und ihre Gemeinde zu verraten, sind sie bis zum äußersten bei ihrem Zeugnis geblieben und haben sich hinrichten lassen. Sie wurden die Helden und Heldinnen der Gemeinde, die ersten Heiligen in der frühen Kirche.

Ihre Namen hat man ehrend in den Meßkanon aufgenommen, und als ihre Gebeine in den römischen Katakomben beigesetzt wurden, feierte die Gemeinde ihren Sieg, in dem sie auf ihren Gräbern Eucharistie feierte! Es war, als ob sogar ihre Gebeine noch die Geisteskraft ausstrahlten, die sie selbst zu Lebzeiten ausgestrahlt hatten, und die Christen suchten ihre Nähe, um sich vom Geist der Märtyrer Energie und Kraft zu holen. Aus diesem Verlangen heraus ist der Brauch entstanden, Gebeine der Märtyrer in die Altäre der Kirchen zu legen, die man ihnen zu Ehren später gebaut hat, und jahrhundertelang befanden sich in den Altären katholischer Kirchen immer wenigstens ein paar Reliquien der Heiligen.

Ein alter Spruch lautet: Das Blut der Märtyrer ist der Samen der Kirche. Immer nämlich, wenn solche Zeugen für das Evangelium auftreten, wächst die Kirche. Es ist historisch belegt, daß die Zahl der Christen während der römischen Verfolgungszeit ungeheuer zugenommen hat. Die Menschen haben sich nach dem Beweggrund für so viel Heroismus gefragt, haben sich an die christliche Gemeinde gewandt und sind dort evangelisiert worden. Vielleicht wächst die Kirche heute nicht, weil es weniger Märtyrer gibt. Da wir nicht mehr für Christus zu sterben brauchen, fragen sich die Menschen manchmal, wofür wir eigentlich leben.

Nichtsdestoweniger gibt es überall dort Märtyrer, wo Christen unterdrückerischen Systemen heroisch entgegentreten, und ihr Leben strahlt dieselbe Kraft aus, die aus den Katakomben geleuchtet hat. Sie geben Leben, Kraft und Hoffnung an alle weiter, die ihr Blutzeugnis sehen oder später einmal davon hören.

1943 hat sich ein österreichischer Bauer namens Franz Jägerstätter dem Nazi-Regime widersetzt, das ihm befahl, der Wehrmacht beizutreten und für das Vaterland zu kämpfen. Er stand mutterseelenallein da, denn selbst die Amtskirche sagte ihm, er solle der Regierung gehorchen. Statt dessen hat er sich dafür entschieden, dem Auftrag Gottes zu gehorchen und sich lieber umbringen zu lassen als andere umzubringen. Man mag sagen, er sei schlecht beraten gewesen, er hätte auf die Kirche hören sollen, er sei eigentlich kein Märtyrer, sondern ein politisches Kriegsopfer. Doch Jahrzehnte später haben wir die Namen aller anderen vergessen, die an der Geschichte beteiligt waren, während sein Name immer noch anderen unüberhörbar Mut macht, für die Freiheit einzutreten.

In noch jüngerer Zeit ist 1980, gewissermaßen als Sühnopfer für die Unterstützung, die die Hierarchie Militärdiktaturen gewährt hat, in El Savador Erzbischof Oscar Romero ermordet worden. Er hat sich dem Terror der Regierung seines Landes widersetzt und seinem Volk die Freiheit des Evangeliums verkündet. Als er während der Predigt in seiner eigenen Bischofskirche von einer Todesschwadron erschossen wurde, hieß es wieder, er sei mehr aus politischen als aus religiösen Gründen gestorben. Doch heute wird er von den Armen in El Salvador als Märtyrer verehrt.

Man kann versuchen, leidenschaftslos zu beurteilen, ob Christen, die man ihrer Überzeugung wegen tötet, wirklich Märtyrer sind oder nicht, aber letztlich kann man über das Martyrium nicht leidenschaftslos befinden. Das Zeugnis der Märtyrer ist ein leidenschaftliches Treuebekenntnis zum Evangelium, das man nur nach der geistlichen Kraft beurteilen kann, die es ausstrahlt – selbst noch über den Tod hinaus. Jesus hat gesagt: „An ihren Früchten werdet ihr sie erkennen" (Mt 7,16). Frucht des Martyriums sind Leben und Hoffnung und Ganzheit, die sich an andere weitervermitteln. Wo immer man diese Früchte antrifft, ist ihr Same Blut, das für andere vergossen worden ist.

Jesu Tod spendet der Welt Leben. Der Martertod spendet allen Leben, die dieses Zeugnis spüren und annehmen. Die ersten Märtyrer haben ihr Zeugnis dem Leben und dem Sterben Jesu nachgestaltet und sind dadurch selbst Vorbilder christlicher Heiligkeit und christlichen Heldenmuts geworden. Sie haben alles hingegeben, was sie hatten, und seitdem hat man bis heute Heiligkeit an dem Standard gemessen, den sie gesetzt haben.

## Bekenner und Asketen

Die frühen Jahrhunderte mit ihren systematischen Christenverfolgungen nahmen ein Ende, als Kaiser Konstantin im Jahre 313 n. Chr. ein Edikt erließ, das die Illegalität des Christentums im Römerreich aufhob. Der eine oder andere spätere Kaiser hat versucht, das rückgängig zumachen, und gelegentlich sind Heiden der neuen Religion weiterhin mit offener Feindseligkeit begegnet, aber im großen und ganzen war es nun ungefährlich, Christ zu sein. Verfolgungen waren nicht so häufig wie früher, und wenn sie vorkamen, waren sie nicht so schonungslos. Märtyrer gab es nicht mehr in der Fülle wie früher, und die Christen begannen, ihr Ideal bei einer anderen Gruppe von Heiligen zu entdekken, die man *Bekenner* nannte.

Wenn Katholiken heute dieses Wort hören, denken sie gewöhnlich, es habe etwas mit Sündenbekenntnis und dem Sakrament der Vergebung zu tun. Die Bekenner in der ersten Zeit der Kirche hingegen waren Menschen, die sich zu ihrem Christenglauben bekannten, die Gefahr des Martertodes auf sich nahmen, aber nicht hingerichtet wurden. Sie haben das praktiziert, was wir „zivilen Ungehorsam" nennen würden, und sich sogar vor einschüchternden Richtern und wütenden Volksmassen geweigert, Christus die Treue aufzukündigen. Sie waren nicht gewillt, vor heidnischen Götzenbildern Weihrauchopfer darzubringen, nicht gewillt, Kriegsdienst zu leisten, und nicht gewillt, die Namen anderer Christen preiszugeben. Mitunter wurden sie eingekerkert, verprügelt und gefoltert. Aber man hat sie trotz ihres heldenmütigen Glaubensbekenntnisses nicht getötet.

Mit der Zeit hat man die Bezeichnung Bekenner auch auf Christen ausgeweitet, die ihren Glauben selbst dann heroisch gelebt haben, wenn keine Verfolgung drohte. Ihren ganzen Lebensstil sah man als Glaubensbekenntnis an. Tatsächlich vergingen keine hundert Jahre seit Konstantins Edikt, bevor die Christen im Römerreich zur Bevölkerungsmehrheit wurden. Da es nun zum guten Ton gehörte, Christ zu sein, haben sich viele der Kirche angeschlossen, die das niemals getan hätten, als das Jüngerdasein noch einen höheren Preis forderte. Das war der Anfang dessen, was wir als kulturell bedingtes Christentum und katholisches Nationalkirchentum bezeichnet haben.

Die späteren Bekenner waren die alternativen Christen ihrer Zeit. Ganz wie die früheren Bekenner für ihre Treue zu Christus das Martyrium riskiert hatten, haben sich die Bekenner der späteren Zeit für ihr Leben nach dem Evangelium Mißverständnissen und sogar der Verspottung ausgesetzt. Wenn Christen verweichlichten, waren sie der Ansicht, Christen sollten ein hartes Leben führen. Wenn Christen reich wurden, haben sie darauf gepocht, daß Jesus seine Anhänger zu einem armen und einfachen Leben berufen hat. Wenn sich Christen in der Lebensweise der Welt verstrickten, haben sie es für besser gehalten, aus der Gesellschaft auszusteigen und das Evangelium anderswo zu leben. Vielleicht haben sie manchmal übertrieben, aber sie waren ganz davon durchdrungen, daß man eine Lanze für die Christusnachfolge brechen müßte. Weil sie das getan haben, sind sie schließlich in den Ruf der Heiligkeit gekommen.

Es konnte sehr wohl geschehen, daß diese Bekenner ihre wenigen Habseligkeiten zusammenpackten und der Stadt den Rücken kehrten, um für sich allein zu leben. Sie wurden Einsiedler oder, wie man sie auch nannte, Anachoreten, weil sie die Welt verließen und an ihren eigenen Grundsätzen festhielten. Sie haben asketisch gelebt, kaum gegessen und geschlafen und meistens gebetet und gefastet. Daß sie es schafften, ohne die Annehmlichkeiten der Gesellschaft auszukommen und am Zusammensein mit niemandem als ihrem Herrn Freude zu haben, waren sie Zeugen dafür, daß Gott die Quelle aller Erfüllung und allen Glücks ist.

Der erste unter diesen Bekennern war sogar noch während der Verfolgungszeit geboren worden, hat sie aber weit überlebt. Er hat mit eigenen Augen die Veränderung beobachtet, die in der Kirche vor sich ging, als sie salonfähig wurde, und er sehnte sich danach, das Evangelium so ernst zu nehmen, wie man es in seiner Jugend getan hatte. Sein Name war Abba Antonius, und er ging entschlossen daran, sein Leben in der ägyptischen Wüste ganz Gott zu weihen. Doch der Ruf von Heiligkeit, in dem Antonius stand, begann sich zu verbreiten, und schließlich siedelte sich eine kleine Schar von Jüngern in seiner Nachbarschaft an, um von ihm zu lernen, mit Leib und Seele Christ zu sein. Er muß ein gesundes Leben geführt haben, denn als er im Jahre 356 starb, war er über hundert Jahre alt.

Nicht viel später hat ein anderer junger Mann – er hieß Benedikt – das Konzept des Antonius einen Schritt weiterentwickelt. In der Erkenntnis, daß man zur Verwirklichung eines christlichen Lebenswandels die Unterstützung einer Gruppe braucht, hat er ein kleines Regelbuch für gesundes Gemeinschaftsleben geschrieben. Die Regel des heiligen Benedikt ist jetzt schon seit etwa eintausendfünfhundert Jahren die Grundlage vieler Mönchsregeln. Mit ihrer festgelegten Tagesordnung aus Gebet und Arbeit hat die Regel des heiligen Benedikt eine ausgewogene Verbindung zwischen strenger Askese und notwendigen menschlichen Grundbedürfnissen geschaffen. Schon zu Benedikts Lebzeiten wurden Dutzende von Klöstern für Männer wie für Frauen gegründet, und im Mittelalter waren es bereits Tausende. In vorangegangenen Kapiteln haben wir gesehen, welchen Beitrag Mönchs- und Nonnenklöster im Lauf der Jahrhunderte für die Kirche geleistet haben.

Mönche und Nonnen waren die Prototypen jener Christen, die bereit waren, die Kernfragen des Evangeliums zu stellen und durch ein Leben in gläubiger Ganzhingabe zu beantworten. Sie waren insofern radikale Christen, als sie bis zur Wurzel (radix) des Evangeliums vorgestoßen sind, um herauszufinden, was für ein Leben daraus erwachsen könnte. Es wäre nicht unfair, sie als die ersten christlichen Aussteiger aus der Gesellschaft zu bezeichnen, da sie sich vom Hauptstrom der Christenheit absetzten, um die Gemeinde nach einem Leitbild zu bauen, das ganz anders war, als das Leitbild, das sie in der Welt vor Augen hatten. Die Klöster waren eigentlich christliche Kommunen, wo man das Evangelium leben und radikale Nachfolge üben konnte. Manchmal vergessen wir, daß sie während der ersten fünfhundert Jahre ihrer Existenz fast ausschließlich von Laien, Männern wie Frauen, bevölkert waren.

Heute verkörpern noch die Trappisten dieses Mönchsideal der Frühzeit. Die meisten anderen Zweige der benediktinischen Ordensfamilie leben nach einer gemäßigteren Regel, doch die Trappisten halten die ihre noch ziemlich strikt ein, einschließlich des Stillschweigens. Sie betonen, daß man, um nicht in die Spiele der Welt verstrickt zu werden, nach ganz anderen Regeln und fern von der Welt leben muß.

Das heißt nicht, daß die Trappisten keine Ahnung haben, was in der Welt geschieht, oder daß sie sich nicht um sie kümmern. *Thomas Merton* war ein Trappist, der Millionen von Menschen beeinflußt hat durch seine Schriften. In vielen von ihnen ging es um Gebet und Spiritualität, doch gegen Ende seines Lebens war sein

Denken über soziale Gerechtigkeit den meisten Katholiken weit voraus. Ansichten, die er in den sechziger Jahren zum Wettrüsten und zu Atomwaffen geäußert hat, haben die amerikanischen Bischöfe zwanzig Jahre später aufgegriffen.

Wir stellen uns gern das asketische Leben als Rückzug von der Welt vor. Das ist es auch, aber nur zur einen Hälfte. Der Rückzug schafft den Raum, in dem man das Evangelium frei leben kann, um dann aufgrund dieser Freiheit der Welt sagen zu können, was es eigentlich heißt, das Evangelium zu leben. In diesem Freiraum kann man die radikalen Fragen entdecken, die Jesus allen stellt, die sich seine Jüngerinnen und Jünger nennen, so daß man die Antworten in echter Nachfolge leben kann.

Viele Heilige, wenn nicht gar die meisten, sind insofern Asketen gewesen, als ihnen geistlicher Rückzug oder Distanz von der Welt nur dazu diente, die Welt objektiver sehen zu können. Hin und wieder aber stoßen wir auf eine heiligmäßige Gestalt, die offenbar ausschließlich ein einfaches und zurückgezogenes Leben geführt hat. Solch ein Mensch ist *Charles de Foucauld* gewesen, ein junger Mann, der sich von den Raffinessen eines Lebens im Frankreich des neunzehnten Jahrhunderts abgewandt hatte, um eine kleine Hütte in der Sahara zu beziehen. Ihn trieb der Wunsch, in einer Welt, die immer verwirrender wurde, ein einfaches Leben zu führen und das Geheimnis Jesu in einer Welt zu ergründen, die es nicht zu begreifen schien. Seine Freunde hielten ihn für verrückt. Sein Anliegen aber war es vor allem, die Einsamkeit Jesu zu erfahren, um ganz mit dem Christus vereint zu sein, den die Welt abgelehnt hatte. Er war bereit, sich den Grundfragen des Evangeliums zu stellen, und er wollte es an einem Ort tun, wo ihn sicher niemand beobachten würde. Er wollte sich vor niemandem produzieren und von niemandem Beifall ernten. Sein einziges Gebetsanliegen war es, die Antworten zu finden und ganz zu leben.

Charles hat einmal in sein Tagebuch geschrieben, er hoffe, ganz wie Jesus ein gewaltsames Ende zu finden und unerkannt und unbeachtet zu sterben. Ein paar Monate später fand man ihn tot in seinem Blut und ganz allein, offenbar das Opfer von Gewalttätern, die in seine Einsamkeit eingedrungen waren. Was immer wir von seiner seltsamen Bitte halten mögen – Gott hat anscheinend sein Gebet erhört.

Er hat nie erfahren, daß er als geistliches Erbe eine Gemeinschaft von Christen hinterlassen würde, bei denen die Glaubwürdigkeit seines Lebens und seine glühende Liebe zum schlichten Evangelium Bewunderung geweckt hatte. Die Kleinen Brüder Jesu und die Kleinen Schwestern Jesu, wie man sie nennt, leben in winzigen Gruppen zu zweit oder zu dritt in den ärmsten Gegenden der Welt. Sie sind nicht sonderlich bekannt, da sie nichts unternehmen, was in den Augen der Welt großartig aussieht. Doch man findet sie überall in Europa und Afrika, Asien und Amerika, und ihre Zahl nimmt ständig zu. Menschen fühlen sich angezogen von ihrer bescheidenen Lebensweise und der Glaubwürdigkeit ihres Gebetslebens. Sie versuchen einfach, das Evangelium im Geist Charles de Foucaulds zu leben und notleidenden Menschen Freundlichkeit und Gastfreundschaft zu erweisen. Sie betreiben keine Werbung in eigener Sache, aber es kommt immer wieder vor, daß Menschen erkennen, wie glaubwürdig sie das Evangelium leben, und um Aufnahme bitten.

Gewiß besitzen sie eine seltene geistliche Gabe, ein besonderes Charisma. Nicht jeder ist von Gott berufen, so radikal das Evangelium zu leben, aber diejenigen, die das Evangelium so echt leben, sind für uns ein Zeichen dafür, daß das möglich und wundervoll ist. Ihr Leben strahlt einen Charme und eine Schönheit aus, die vielen von uns fehlen. Ihre Bereitschaft, die wesentlichen Fragen aufzuwerfen, zwingt uns selbst zu der Frage, ob auch wir bereit sind, uns diesen Fragen zu stellen.

Die Asketen in der Kirche haben begriffen, daß das Evangelium in erster Linie eine *Lebensweise* ist. Die Amtskirche hat seit dem vierten Jahrhundert dazu tendiert, aus dem Evangelium eine *Denkweise* zu machen, eine Sache von Lehrinhalten und Überzeugungen. Den Anachoreten und Mönchen der Frühzeit ist es nicht um Lehren, sondern um das Leben gegangen. Sie haben sich nicht mit denen gestritten, die die Menschwerdung Jesu bezweifelt haben, sondern mit denen, die nicht Jesus gemäß gelebt haben. Ihr Problem war nicht, ob der Heilige Geist eine eigene Person der Trinität ist, sondern ob der Geist vitale Kraft im christlichen Leben entfaltet. Sie sind nicht auf die geistige Suche nach der wahren Lehre gegangen, sondern auf die geistliche Suche nach der lebendigen Wahrheit.

Die mittelalterlichen Gemälde des Wüstenvaters Antonius zeigen ihn häufig von Teufeln umgeben, die ihn in Versuchung führen wollen. Wir denken dabei heute wahrscheinlich an Versuchungen auf dem Gebiet des Glaubens und der Moral – nicht an Gott zu glauben, die Gebote nicht zu halten und dergleichen. Die eigentlichen Dämonen in unserem Leben sind aber meist viel raffinierter als so etwas: Wir glauben an Gott, aber wir versäumen es, im täglichen Gebet auf ihn zu hören. Wir halten die Gebote, aber unsere Haltung ist gesetzlich und zynisch. Wir werfen einmal pro Woche ein bißchen Geld in die Sonntagskollekte, aber wir verweigern uns denen, die uns ganz direkt brauchen. Wir gehen zur Beichte, aber in unserem Herzen nähren wir Eifersucht und Geiz, Bitterkeit und Zorn.

Die Asketen lehren uns, daß wir nur in der Einsamkeit den Herrn und uns selbst kennenlernen können. Wenn wir keine soziale Rolle zu spielen brauchen, müssen wir wir selbst sein. Wenn alle Masken, die wir in der Öffentlichkeit tragen, fallen, fangen wir an, die nackte Wahrheit zu sehen. Wenn uns all unsere Stützsysteme genommen sind, entdecken wir, ob wir wirklich auf Gott vertrauen. Bekennen wir unseren Glauben nur mit den Lippen oder auch mit unserem Leben? Die Heiligen, die wir als Heldinnen und Helden verehren, zeigen uns, was es kostet, wenn man die eigentlichen Lebensfragen stellen und es wagen will, die grundlegenden Antworten im Blick auf unsere Lebensweise wirklich zu finden.

## Stifter

Viele Heilige, die kirchlich verehrt werden, sind Stifter von Gemeinschaften. Abgesehen von denen, die das Charisma des Anachoreten- oder Einsiedlertums besitzen, sind sich Menschen von ausnehmender Heiligkeit bewußt, daß für ein Leben nach dem Evangelium Glaubensgemeinschaft, gemeinsames Leben und Dienst ganz wesentlich sind. Wenn sie für ihre Vision keine Gemeinschaft von Förderern finden können, sammeln sie oft selbst solch eine Gruppe um sich.

In fast allen Jahrhunderten hat es Heilige gegeben, die entweder Gemeinschaften gegründet oder schon bestehende reformiert haben. Oft haben sie in stiller Zurückgezogenheit begonnen und im Gebet auf den Herrn gehört, bis sie zu der Einsicht kamen, daß das, was Gott von ihnen wollte, nicht im Alleingang durchführbar war. Sie brauchten eine Fördergruppe und eine Gründungsgruppe zur Durchführung, einen Leib Christi, dessen Mitglieder gemeinsam Jesus in der Welt verkörpern könnten.

Der heilige *Augustinus*, der berühmte nordafrikanische Bischof, der an der Wende vom vierten zum fünften Jahrhundert gelebt hat, sah, daß den Diakonen und Priestern seines Bistums Gemeinschaft fehlte, und er lud einige von ihnen ein, in der Nähe seiner Bischofskirche ein Gemeinschaftsleben zu führen. Wenn er auch keinen ausgesprochenen Orden gestiftet hat, ist doch der spätere Augustinerorden in seinem Geist gegründet worden.

Der heilige *Dominikus* hat im dreizehnten Jahrhundert mit der Vision eines bestimmten Dienstes begonnen: der Landbevölkerung, um die die Bischöfe sich nicht gekümmert hatten, das Evangelium zu predigen. Er hat sich in den Städten Priester zusammengesucht, die bereit waren, sich ihm anzuschließen. Sie haben von Almosen gelebt und einander gegenseitig unterstützt, während sie sich an Universitäten um eine bessere theologische Ausbildung bemühten. Wenn sie auch allgemein als „Dominikaner" bekannt sind, heißen sie mit ihrem offiziellen Namen „Predigerorden".

Der heilige *Vinzenz von Paul* und die heilige *Louise von Marillac* haben die traditionellen Schranken durchbrochen, die bis ins siebzehnte Jahrhundert Frauen gesetzt waren. Von Ordensfrauen hatte man immer erwartet, daß sie, geschützt durch Klostermauern, ein klausuriertes Leben führten, doch Louise sah, daß es unter den Armen auf der Straße eine Aufgabe gab. Von Vinzenz unterstützt, hat sie mit der Tradition gebrochen, sich gegen die Bischöfe zur Wehr gesetzt, die sich ihrem neuartigen Konzept widersetzten, und den Orden der „Töchter der christlichen Liebe" (Vinzentinerinnen) gegründet. Vinzenz selbst hat die „Missionskongregation" (CM, „Lazaristen" oder „Vinzentiner") zum

Dienst unter den Armen gegründet, und in vielen Pfarreien gibt es heute eine Vinzenzkonferenz, in der Laien in ihrer jeweiligen Umgebung seinen Dienst fortführen.

Der heilige *Ignatius von Loyola* war Soldat und heilte gerade eine Kriegsverwundung aus, als er zu der Zeit, als Europa von der Reformation zerrissen wurde, Gottes Stimme hörte, die ihn zum Dienst in der Kirche rief. Er hat deutlich gesehen, daß er eine Ordensgemeinschaft ganz neuer Art gründen mußte, um ein Heer von Aposteln auszubilden, die die Kirche reformieren und die Welt für Christus erobern könnten. Bis zur Zeit des heiligen Ignatius hatte man Orden nach dem Muster von Mönchklöstern organisiert, wo große Gemeinschaften zusammenlebten und täglich in ihrer Kirche das Stundengebet hielten. Ignatius sandte seine Missionare in Zweier- und Dreiergruppen aus und ließ sie privat eine Kurzform des Stundengebetes – das heutige „Brevier", d. h. „Kurzfassung", geht darauf zurück – beten. Man hat ihn für diesen Abschied von der Tradition kritisiert, aber schon sehr bald hat seine „Gesellschaft Jesu" – oder „die Jesuiten", wie man sie kurz nannte – Männer nach Afrika, Asien, Nord- und Südamerika gesandt, wo sie eine in der Kirchengeschichte beispiellose Missionstätigkeit entfaltet haben.

Ordensstifter haben immer einen Blick für das, was die Kirche gerade braucht, und sie besitzen die Gabe, dieser Not zu begegnen. Oft erkennt die Amtskirche diese Not nicht oder ist anderer Meinung, wie ihr zu begegnen ist, und die Hierarchie versucht dann, das schöpferische Charisma des Ordens lahmzulegen. Einige geben angesichts dieses Widerstandes auf, und ihr Werk ist nicht von Dauer. Aber die Gemeinschaften, die zum Dialog mit der Hierarchie bereit sind und in schöpferischer Spannung mit der Institution leben, können ihre Gabe künftigen Generationen weitergeben.

Dasselbe Phänomen findet sich in der Kirche von heute: Laien schließen sich in eigener Regie zu kleinen Gemeinschaften zusammen, und regelmäßig betrachten Priester und Bischöfe diese Gruppen mit Argwohn. Doch geschieht, wie wir im vorigen Kapitel gesehen haben, die Erneuerung der Kirche durch die Bildung von Gemeinschaften. So ist es schon immer in der Kirchengeschichte gewesen.

Vor einem Vierteljahrhundert hat das Zweite Vatikanische Konzil die Orden aufgerufen, sich durch die Rückkehr zum Charisma ihrer Gründer zu erneuern; wenn die Orden das aber tatsächlich getan haben, hat sich die Hierarchie manchmal dagegen gewehrt. Sie beklagten es, daß Ordensschwestern keinen Habit mehr tragen, und vergessen dabei, daß der Habit sehr oft nur die Straßenkleidung der Zeit gewesen ist, in der die Orden gegründet wurden. Sie bekunden Mißfallen, daß Patres und Brüder große Ordenshäuser leerstehen lassen, und vergessen, daß den Gründern sehr oft ein Leben in kleinen Gemeinschaften vorgeschwebt hat. Sie verlangen, daß in Orden wie den Franziskanern die Oberen geweihte Priester sind, während Franziskus selbst die Priesterweihe abgelehnt hat und deshalb heute im eigenen Orden kein Oberer sein könnte.

Ordensstifter sind insofern Visionäre, als sie für Gemeinschaften neue Fromen sehen, das Evangelium zu leben, wenn die alten Formen im Trott muffig geworden sind. Ordensstifter sind insofern auch Radikale, als sie sich und ihren Anhängern die grundlegenden Fragen des Evangeliums zumuten. Institutionen tun sich mit Visionären und Radikalen oft schwer, aber sie können nur von denen erneuert werden, die schon sehen, was sonst niemand sieht. Es ist ein Glück für die Kirche, daß

auch die Hierarchie gelernt hat, mit Gemeinschafts-
gründern und Menschen, die an die eigene radikale Auffassung von einem Leben nach dem Evangelium glauben, in schöpferischer Spannung zu leben.

## Mystiker

In der katholischen Tradition ist Mystik die aus Erfahrung gewonnene Gotteserkenntnis. Sie ist nicht Kopf-,
sondern Herzenswissen, nicht intellektuelles, sondern intuitives Begreifen, nicht logisches, sondern
emotionales Verstehen. Sie gleicht jener Sensibilität,
wie sie sich unter engen Freunden entwickelt, wo der
eine fast instinktiv sagen kann, was der andere denkt
oder empfindet. Durch viele Stunden, in denen sie
betend die Gegenwart Gottes erfahren, entwickeln
Mystiker ein ebenso sensibles Gespür für das, was
Gott von ihnen will.

Wenn Mystiker über ihre Gotteserfahrung schreiben,
klingt das ganz anders als die Sprache der Theologie
oder des Lehramts. Was sie sprechen, würde man am
besten religiöse Poesie nennen, eine Sprache der Symbole, Bilder und Gefühle. Herkömmliche Worte können
nicht beschreiben, was sie erleben, so daß Mystiker den
Sinn der Worte über ihre gebräuchliche Verwendung
hinaus ausweiten. Man braucht nicht zu erwähnen, daß
dies oft zu Mißverständnissen bei denen führt, die
selbst keine derartigen Erlebnisse haben. Mitunter hat
man Mystiker sogar als Ketzer verurteilt, weil sie die
Ausdrucksweise der Theologie nicht „korrekt" benutzt
haben.

Aus diesem Grund sind zwar einige wenige Mystiker
heiliggesprochen worden, die meisten von ihnen aber
nicht. Dieses Fehlen offizieller Anerkennung durch die

Amtskirche hat aber Christen nicht daran gehindert, Mystiker als Heldinnen und Helden des kontemplativen Gebets anzuerkennen.

*Meister Eckhart*, der im vierzehnten Jahrhundert gelebt hat, war einer jener Mystiker, die wegen ihrer dichterisch-paradoxen Aussagen über Gott Probleme bekamen. Im Blick auf sein Gebetsleben hat er z. B. gesagt: „Ich bitte Gott inständig, mich von Gott zu befreien." Das klingt, oberflächlich betrachtet, als bäte Eckhart Gott, ihn zum Atheisten zu machen! Das meint er aber gar nicht. Er will in einem kurzen Satz sagen, daß wir, um unsere Gotteserfahrung zu vertiefen, Gott bitten müssen, uns von falschen Gottesbildern zu befreien. Eckhart möchte Gott nackt und ehrlich erfahren und bittet daher, alle Masken wegzureißen, die wir Gott aufsetzen, um uns nicht der vollständigen Andersartigkeit des unendlichen Geheimnisses stellen zu müssen.

Bei anderer Gelegenheit hat Eckhart gesagt: „Die Augen, mit denen wir Gott anschauen, sind genau dieselben Augen, mit denen Gott uns zuerst anschaut." Das klingt paradox, ist aber zutiefst mystisch. Wir verstehen es erst, wenn uns aufgeht, was es in unserer eigenen Gebetserfahrung benennt. Das Gemeinte läßt sich schwer in Worte fassen, aber es bedeutet in etwa, daß bereits unsere Sehnsucht nach Gott Gottes Geschenk oder daß unsere Liebe zu Gott schon Gott ist, der in uns liebt.

Die heilige *Teresa von Ávila* und der heilige *Johannes vom Kreuz* waren zwei spanische Mystiker des sechzehnten Jahrhunderts, die schließlich doch noch heiliggesprochen wurden; aber zu Lebzeiten hatten sie oft Krach mit der kirchlichen Obrigkeit, die ihrer Erneuerung des Ordenslebens mißtraute. Als typische Mystiker habe sie unmittelbar aus ihrem Gebetsleben heraus gesprochen und gehandelt, und man hat ihr Vorgehen

oft als bedrohlich für das amtskrichliche System emp-
funden. Weil Mystiker institutionellen Strukturen gegenüber große innere Freiheit verspüren, werden ihre
Demut und ihre Loyalität der Kirche gegenüber oft bis
zum äußersten strapaziert.

Die heilige *Theresia von Lisieux*, volkstümlich als die
Kleine heilige Theresia bekannt, hat wegen ihrer Worte
und Taten nie Unannehmlichkeiten gehabt, wohl weil
sie so schlicht und anspruchslos war. Sie hat kirchliche
Autoritäten nie gereizt, sondern ist bei der Erledigung
ihrer Alltagspflichten immer ehrfürchtig auf Christus
ausgerichtet geblieben. Ihre Schriften haben im neunzehnten Jahrhundert weite Verbreitung gefunden, weil
sie so entwaffnend einfach waren, aber zugleich mystische Tiefe besaßen.

Im Blick auf die Schuldgefühle und all das Negative,
was Menschen manchmal in sich tragen, hat sie gesagt:
„Jeder, der es gelassen erträgt, sich selbst zu mißfallen,
wird ein angenehmer Aufenthaltsort für Jesus sein." Die
meisten von uns versuchen, Schuldgefühle zu verdrän-
gen und negativen Gefühlen über sich selbst zu entkom-
men, aber durch ihre Christusbeziehung hat Theresia
ein ehrlicheres und gesünderes Verhalten gelernt. Wir
wollen unseren Sünden und Mängeln ins Auge sehen,
hat sie gesagt, und daran denken, daß Gott uns dennoch
liebt. Wenn wir unsere Gebrochenheit zugeben, können
wir Jesus bei uns einlassen, damit er uns heilt. Das hat sie
durch mystisches Gebet gelernt – hundert Jahre bevor
die Psychotherapie die heilende Wirkung der Selbst-
erkenntnis und Selbstannahme entdeckt hat.

*Pierre Teilhard de Chardin* war ein Jesuitenpater und
Naturwissenschaftler, Dichter und Musiker, der in unserem Jahrhundert gelebt hat. Da er in seinen Schriften
die Evolutionslehre vertreten hat, bevor die meisten Kir-
chenleute diese Auffassung akzeptiert hatten, bekam er

Schwierigkeiten mit der Hierarchie. Die meisten seiner Werke sind erst nach seinem Tod erschienen. Bei ihrer Lektüre können wir feststellen, wie seine mystische Intuition Religion und Naturwissenschaft, Dichtkunst und Vernunft miteinander verbunden hat. Sie zu lesen, ist ein ästhetischer Genuß, doch sie zu verstehen, ist schwer. Mystiker denken und empfinden in Tiefen, die den meisten von uns fremd sind.

Das Zeitgefühl der Mystiker ist zeitlos – wie es das auch für Gott ist. Vergangenheit, Gegenwart und Zukunft werden in einem blitzartigen Aufleuchten mystischer Erkenntnis eins. Sie sprechen von der Kreuzigung Jesu, als geschähe sie heute, oder sie sehen künftige Ereignisse, als seien sie bereits in diesem Augenblick im Gang. Dasselbe gilt für das Raumgefühl der Mystiker. In ihrer religiösen Erfahrung werden Himmel und Erde eins, und die Unterscheidung zwischen „natürlich" und „übernatürlich" fällt weg. Alles verbindet sich für sie zur Einheit, genau so wie es das für Gott tut, der alle Zeit und allen Raum in einer einzigen göttlichen Umarmung umfängt.

*Caryll Houselander*, eine englische Mystikerin, die ebenfalls in unserem Jahrhundert gelebt hat, ist ein wunderbares Beispiel dafür. Als junge Frau hatte sie mehrere sehr tiefe mystische Erlebnisse, in deren Licht sie die Welt für den Rest ihres Lebens gesehen hat. Als sie eines Tages in London mit der U-Bahn fuhr, schaute sie sich um und sah Christus in jedem Menschen, den sie anblickte. Von da an war ihr klar, daß Christus in jedem Land und zu allen Jahrhunderten in jedem Menschen ist.

Bei anderer Gelegenheit, kurz nach der kommunistischen Machtergreifung in Rußland, sah sie ein Pressefoto des ermordeten Zaren an und erblickte abermals Christus, wobei seine Dornenkrone die goldene Zarenkrone ersetzte. Als sie die Augen hob, erblickte sie eine riesige russische Christuskrone, die sich über die Stadt erstreckte, und sie spürte in sich die tiefe Überzeugung, daß Christus durch Rußland zurückkehren würde, um die Welt zu erlösen. Katholiken haben jahrzehntelang um die Bekehrung Rußlands gebetet, und vielleicht werden diese Gebete einmal auf eine Weise erhört, die wir am wenigsten erwarten. Zumindest eine Mystikerin hat bereits im Symbol geschaut, daß dies wahr werden wird.

Die Mystiker sind ein besonderes Geschenk an die Kirche, da sie uns zeigen, wie weit wir im Gebet gehen können, oder vielmehr, wie weit Gott uns führen wird, wenn wir uns im Gebet an die Hand nehmen lassen. Sie sind die Heldengestalten der Gebetsdimension des Christenlebens, denn sie öffnen sich mutig der vollständigsten menschlichen Gotteserfahrung. Sie erschließen uns den tiefsten Sinn der Umkehr, nämlich die völlige Umgestaltung unseres Lebens durch die Einheit mit Christus.

## Denker

Manche Heiligen fügen sich nicht ohne weiteres in die Kategorien ein, die wir geschaffen haben, um ihnen einen Platz im Spektrum der Heiligkeit zuzuweisen. Der heilige *Thomas von Aquin* ist z. B. sein Leben lang Theologe gewesen, hat aber einen Monat vor seinem Tod ein mystisches Erlebnis gehabt, das all seine Denker-Jahre bedeutungslos erscheinen ließ. Er soll gesagt haben: „Es ist so wertlos wie ein Haufen Stroh." Das mag so sein, aber das Stroh des heiligen Thomas hat der katholischen Theologie noch jahrhundertelang Treibstoff geliefert.

Im Heiligenkalender erscheinen die Denker und Intellektuellen in der Regel als „Doktoren der Kirche". Sie hatten sozusagen schon ihren Dr. theol., bevor die Universitäten anfingen, akademische Grade zu verleihen. Das lateinische Wort „*doctor*" bezeichnet einfach jemanden, der lehrt, und die Kirche hat von diesen Lehrern eine Menge gelernt.

Etwa die Hälfte der kanonisierten Kirchenlehrer hat in den ersten Jahrhunderten gelebt. Sie haben zur Formulierung der Grundwahrheiten des Glaubens beigetragen, wie man sie im Glaubensbekenntnis findet. Viele andere haben im Mittelalter gelebt, zu jener Zeit also, in der die ältesten Universitäten Europas gegründet wurden. Da man an diesen neuen Schulen vor allem Philosophie und Theologie gelehrt hat, haben diese Lehrer die Maßstäbe für die Wissenschaft des Abendlandes gesetzt, die seither als Markenzeichen für Gelehrsamkeit schlechthin gegolten hat. Sie haben mit den großen Fragen gerungen, die ihre Zeit beschäftigten, ob es um Ethik oder Politik, Individuum oder Gesellschaft, Naturwissenschaft oder Religion ging. Die Universität ist die Stätte gewesen, an der alles Wissen zusammenfloß, untersucht, erörtert und an die nächste Gelehrtengeneration weitergegeben wurde.

Der heilige *Anselm von Canterbury*, der im elften Jahrhundert gelebt hat, war einer der ersten dieser mittelalterlichen Gelehrten. Er hat die Theologie als „Glauben, der zu verstehen sucht" definiert und damit ausgleichend gewirkt zwischen den Verfechtern der These, wir bräuchten einzig den Glauben, und den Anhängern der Meinung, exaktes Wissen sei alles. Seit der Zeit des heiligen Anselm hat der Katholizismus einen gesunden Respekt vor der Rolle der Vernunft in Glaubensdingen besessen. Man führt ein Christenleben nicht in blindem Glauben, hat er gesagt, sonst hätte uns Gott nicht den Verstand gegeben, um damit zu denken.

Der heilige *Thomas von Aquin* und der heilige *Bonaventura* haben beide im dreizehnten Jahrhundert gelebt, als das mittelalterliche Universitätswesen in voller Blüte stand. Beide haben große Werke verfaßt und darin versucht, das, was durch göttliche Offenbarung bekannt war, und das, was durch wissenschaftliche Forschung bekannt war, miteinander in Einklang zu bringen. Bonaventura war zugleich einer der Leiter des Franziskanerordens und hat daher nicht so viel geschrieben wie Thomas, aber beide haben sie das Programm weitergeführt, das Anselm für die katholische Theologie aufgestellt hatte.

Ist die *„Summa Theologica"* des heiligen Thomas später auch offizielles Lehrbuch an katholischen Priesterseminarien geworden, so war sein Werk doch zu seinen Lebzeiten alles andere als unumstritten. Schon während seiner Pariser Studentenzeit wurden die Schriften des griechischen Philosophen Artistoteles wiederentdeckt. Thomas hat darin vieles gefunden, was der Wahrheit entsprach, aber die damaligen Konservativen haben ihn angegriffen, weil er versuchte, sich als christlicher Theologe die Gedanken eines Atheisten anzueignen.

Den gleichen Kampf hat man im Lauf der Theologiegeschichte in der einen oder anderen Form immer wieder geführt. Dennoch sind die neuen Erkenntnisse der Astronomie, Archäologie, Evolutionslehre, Ethik, Politologie, Psychologie und vieler anderer Wissenszweige durch die Bemühungen mutiger Gelehrter nach und nach in das christliche Denken eingegangen. Da das All nur einen einzigen Urheber hat, waren sie davon überzeugt, daß es letztlich zwischen Religion und Naturwissenschaft keinen Gegensatz geben kann. Die Zeit hat bewiesen, daß sie recht hatten, und wir profitieren heute von ihrer standfesten Überzeugung. Der Glaube und die Gelehrsamkeit dieser Denker haben den Katholizismus unermeßlich bereichert.

Augenblicklich wird derselbe Kampf an zahlreichen Fronten ausgetragen, vor allem an der, die gewöhnlich Schlagzeilen macht – an der Front der Befreiungstheologie. Man hat Denkern wie Gustavo Gutiérrez und Leonardo Boff vorgeworfen, in ihren Schriften einige der Gedanken von Karl Marx zu verwenden. Da Marx Atheist war und seine Kapitalismuskritik vom Kommunismus übernommen worden ist, meinen einige, seine Gedanken seien in der Theologie deplaziert.

Katholische Gelehrte brauchen nicht immer um die Anerkennung ihrer Konzepte zu kämpfen. Manchmal genügen schon ihr geistiger Horizont und ihre Gelehrsamkeit, um ihnen Achtung zu verschaffen. *Karl Rahner* und *Bernard Lonergan* sind zwei dieser Denker, deren Werk der katholischen Welt bewiesen hat, daß die Theologie durchaus fähig ist, moderne Philosophie und Naturwissenschaft in eine umfassende geistige Synthese zu integrieren. In gewissem Ausmaß verdanken wir das Gelingen des Zweiten Vatikanischen Konzils auch Denkern wie ihnen, die den Bischöfen zu der Einsicht verholfen haben, daß die Kirche sich an die Aufgabe machen könnte, ihren Glauben zeitgemäßer auszudrücken.

Da Frauen in der Vergangenheit vom Universitätsstudium ausgeschlossen waren, gibt es leider nur eine einzige Kirchenlehrerin. 1970 ist die heilige *Teresa von Ávila* zur ersten Kirchenlehrerin erklärt worden. Da jetzt immer mehr Frauen die intellektuelle Bühne des Katholizismus betreten, werden sie in Zukunft zweifellos bedeutende Beiträge liefern. Wir haben im zweiten Kapitel festgestellt, daß das spirituelle Temperament des Katholizismus eigentlich weiblich ist, aber diese Dimension des menschlichen Lebens muß erst noch ganz in die Theologie integriert werden.

Denker, Intellektuelle, Schriftsteller und Lehrer – einige von ihnen sind offiziell heiliggesprochen worden, einige auch nicht. Doch viele von ihnen haben einen heroischen Glauben besessen, und die Kirche hat davon profitiert, daß sie beharrlich versucht haben, die Implikationen dieses Glaubens zu verstehen.

## Aktivisten

Das Spektrum unserer Betrachtung der Heiligen reicht von den Akademikern auf der einen bis zu den Aktivisten auf der anderen Seite der Skala. Das sind Menschen, die losziehen und etwas bewirken. Statt über den christlichen Glauben zu schreiben, leben sie ihn in höchstem Maße. Viele Bekenner und Ordensstifter könnte man hier einordnen, aber unter den Bekennern hat es auch kontemplative Eremiten gegeben, und nicht alle Aktivisten haben eigene Gemeinschaften gegründet. Wir brauchen eine eigene Kategorie jener Heldengestalten, die ihre Erfüllung im aktiven Leben nach dem Evangelium gefunden haben.

Als erste fallen uns da Missionsheilige ein. Der heilige *Patrick* im fünften und der heilige *Columba* im sechsten Jahrhundert haben unter Einsatz ihres Lebens den Keltenstämmen in Irland und Schottland Christentum und Zivilisation gebracht. Wenn sie auch auf den britischen Inseln viele Klöster errichtet haben, ging es ihnen nicht um die Gründung neuer Orden, sondern um Zentren christlichen Lebens als Stützpunkte für die Aussendung weiterer Missionare.

Viele der Missionare, die später Westeuropa bekehrt

haben, sind iro-schottische Mönche gewesen, Nachkommen der ersten Bekehrtengeneration. *St. Columban* hat, bevor er im siebten Jahrhundert in Oberitalien gestorben ist, in Frankreich und in der Schweiz den Glauben verbreitet. *St. Bonifatius* hat ein komfortables Kloster in England verlassen, um Papst Gregor II. zu bitten, Missonar werden zu dürfen. Der Papst hat Bonifatius zum Bischof geweiht und in die deutschen Lande gesandt, wo er das große Missionierungswerk des achten Jahrhunderts geleitet hat.

Die heiligen *Cyrillus* und *Methodius* waren ein Brüderpaar und haben in Osteuropa das unternommen, was die iro-schottischen Mönche im Westen geschafft hatten. Sie sind aus ihrer Heimat in Griechenland aufgebrochen, um in Bulgarien, der Tschechoslowakei, Polen und Rußland das Evangelium zu verkünden. Wie die Mönche vor ihnen, haben auch sie den Neubekehrten nicht nur Christentum, sondern auch Zivilisation gebracht. Sie haben die Bibel ins Slawische übersetzt und dazu eigens ein Alphabet geschaffen, denn bislang hatte es keine slawische Schriftsprache gegeben.

Nach Abschluß der Bekehrung Europas lesen wir nicht mehr viel von Missionaren, bis man schließlich entdeckt hatte, daß die Erde rund und von Menschen bewohnt war, die noch nichts von Christus gehört hatten. Im fünfzehnten Jahrhundert hat die Kirche ihre Missionstätigkeit erneut aufgegriffen und hauptsächlich Franziskaner und Jesuiten nach Asien und Amerika entsandt, obwohl damals auch andere Missionsorden gegründet worden sind.

Der heilige *Franz Xavier* hat bis zur eigenen Erschöpfung Tausende in Indien und Japan zum Christentum bekehrt. Dort ist er auch, noch nicht einmal fünfzigjährig, gestorben. *Bartolomé de las Casas* hat den größten Teil seines Lebens in Spanien verbracht, aber als er Südamerika besuchte und sah, wie die Spanier die Indios versklavten, hat er es sich zur Lebensaufgabe gemacht, in Schriften und vor Gericht dafür zu streiten, daß ein derart brutales Vorgehen mit dem Evangelium unvereinbar ist.

Der heilige *Isaac Joques* ist zu den Irokesen im heutigen Staat New York zurückgekehrt, um ihnen das Christentum zu bringen, nachdem sie in auf seiner ersten Missionsreise gefoltert und ihm die Hände zermalmt hatten. Es bedarf keiner besonderen Erwähnung, daß er als Märtyrer gestorben ist. Ganz anders ist es *Junipero Serra* ergangen, den man zur Verkündigung des Evangeliums in den amerikanischen Westen ausgesandt hatte. Er hat ein gesegnetes Alter erreicht, aber erstaunlich an seiner Geschichte ist, daß er erst im Alter von 55 Jahren, wo viele schon an den Ruhestand denken, begann, die kalifornische Küste in beiden Richtungen zu bereisen. Viele Missionsstationen, die er gegründet hat, haben sich zu kalifornischen Großstädten entwickelt: San Francisco, Santa Clara, San Diego und andere.

Natürlich ist nicht alles missionarische Wirken Auslandsarbeit. Wir haben schon den Dienst des heiligen Vinzenz von Paul unter den Armen in Europa erwähnt, und wir können ergänzend dazu auf einige Persönlichkeiten hinweisen, die sich in den Vereinigten Staaten derselben Aufgabe gewidmet haben. Die heilige *Elizabeth Ann Seton* hat erkannt, daß arme Kinder in den Städten katholische Schulen brauchten, und die heilige *Katherine Drexel* hat gesehen, daß die Kinder der Schwarzen und der Indianer im Süden und im Westen sich in derselben Notlage befanden. Im Geist der heiligen Louise de Marillac haben sowohl Elizabeth als auch Katherine noch weitere Frauen zum Mitmachen bei dieser Aufgabe gewonnen und so zwei der großen Schulorden der USA gegründet: die „Sisters of Charity" und die „Sisters of the Blessed Sacrament".

*Dorothy Day* hätte im Traum nicht daran gedacht, einen Orden zu gründen, aber sie hat zusammen mit Peter Maurin 1930 in New York die Katholische Arbeiterbewegung (Catholic Worker) ins Leben gerufen. Sie hat das ungerechte Wirtschaftssystem, in dem die Armen leben müssen, als die eigentliche Ursache der Armut erkannt und ihr Leben nicht nur der Armenspeisung und der Beherbergung von Obdachlosen gewidmet, sondern auch für gerechten Lohn und bessere Arbeitsbedingungen gekämpft. Sie war bis zu ihrem Ende mit 83 Jahren eine höchst aktive Christin.

Aktivisten sind bei ihren Zeitgenossen häufig unbeliebt. Außer den erwähnten sind noch zahllose andere Missionare als Märtyrer gestorben. Bartolomé de las Casas hat sich durch sein Eintreten für die Menschenrechte der Indios an den spanischen Gerichten Feinde gemacht, andere, weniger bekannte Franziskaner und Jesuiten, die gleichfalls als Anwälte der Unterdrückten aufgetreten sind, ebenso. Zu ihren Lebzeiten hat man Dorothy Day oft als Sozialistin und Kommunistin beschimpft, weil sie die systembedingten Übel des Kapitalismus kritisiert hat.

Die Aktivisten, die heute am sichtbarsten in Erscheinung treten, protestieren gegen das Wettrüsten im eigenen Land und kämpfen für politische und ökonomische Gerechtigkeit in Südafrika und Lateinamerika.

Viele von ihnen sind engagierte Laien, viele auch Ordensschwestern und Priester. Bestehen sie darauf, daß das Evangelium für die Armen nur dann eine gute Nachricht ist, wenn es sie aus der Unterdrückung befreit, etikettiert man sie als Subversive und als Verräter. Der brasilianische Erzbischof Dom *Helder Camara* hat bemerkt: „Solange ich die Armen speise, nennt man mich einen Heiligen; wenn ich aber frage, *warum* sie arm sind, nennt man mich einen Kommunisten."

Wir vergessen, daß auch Jesus sich Feinde gemacht hat, als er den Armen das Evangelium verkündete. Von den amtlichen Vertretern der Religion ist er zwar als Gotteslästerer hingestellt worden, aber schließlich war es die etablierte Staatsgewalt, die ihn hingerichtet hat. Könnte es sein, daß die Römer und ihre jüdischen Gegenspieler die revolutionären Konsequenzen des Evangeliums erkannt haben, die wir gern übersehen? Könnte dies der Grund dafür sein, daß die Armen und Schwachen zu allen Zeiten das Evangelium bereitwilliger aufgenommen haben als die Reichen und Starken? Sowohl die früheren als auch die heutigen Sozialaktivisten in der Kirche glauben, daß die Antwort auf diese Fragen „ja" lautet.

Ein alttestamentliches Messiasbild, das man im Neuen Testament auf Jesus angewandt hat, war das Bild des leidenden Gottesknechtes. Heroische Aktivistinnen und Aktivisten glauben, daß Christen in der Nachfolge Jesu ihr Leben dafür einsetzen sollten, anderen zu helfen, auch um den Preis des Leidens. Sie geben wie Jesus ihr Leben hin und lassen es, notfalls, für das Heil der Welt.

## Humanisten

Aus den bisher erzählten Geschichten könnte man den Eindruck gewinnen, es sei unmöglich, heilig zu werden, ohne etwas zu leisten, das sich außerordentlich von dem unterscheidet, was die meisten tun. Das stimmt weithin, aber es stimmt nicht ganz. Einige werden für andere zu Helden, wenn sie Gewöhnliches mit außergewöhnlichem Glauben an Gott tun. Mangels eines passenderen Namens könnten wir sie als christliche Humanisten bezeichnen. Sie praktizieren ihr Christentum, aber sie sind weder Missionare noch Sozialaktivisten. Sie führen ein engagiertes Leben, aber sie widmen sich nicht unbedingt einem ganz speziellen Anliegen.

*Thomas More* ist vielleicht das beste Beispiel für solch einen Heiligen. Von Beruf Jurist, mit Frau und Kindern, vielseitig begabt, hat er es im England des sechzehnten Jahrhunderts zu hohem Ansehen gebracht. Er war nicht nur ein gewandter Geschäftsmann, er war auch Philosoph und Schriftsteller, Musikliebhaber und Kunstmäzen. König Heinrich VIII. hat Thomas Mores Geradlinigkeit und staatsmännisches Geschick bewundert und ihn zum Lordkanzler ernannt. Als Heinrich den Entschluß faßte, sich zum Oberhaupt der Kirche von England zu machen, um sich von seiner Frau scheiden lassen zu können, haben Adel und Bischöfe fast einmütig erklärt, dieser Schritt sei politisch geboten. Doch Thomas verweigerte seine Zustimmung: seine Papsttreue wurde als Verrat gebrandmarkt, und er wurde hingerichtet, weil er seinem Gewissen gefolgt war.

Die Heiligen, die wir als Humanisten bezeichnen, sind ganze und integrierte Persönlichkeiten. Sie können in einem vollständig menschlichen Leben Geist und Herz, Wissenschaft und Kunst, Religion und Politik in Einklang bringen. Allerdings stand, historisch betrachtet, solch ein Bildungsweg und solch eine Persönlichkeitsentwicklung nur relativ Reichen offen. Daher gehören einige dieser Heiligen dem Adel an.

Die heilige *Elisabeth von Thüringen* war die Frau eines Edelmannes, den sie von ganzem Herzen liebte, und sie hat ihre Stellung und ihren Einfluß benutzt, um an die verarmten Bauern in den Ländereien ihres Mannes Nahrung und Kleidung zu verteilen. Als dieser in einem Krieg gefallen war, hat sie die Versorgung ihrer Kinder gesichert und ist sodann in den Dritten Orden des heiligen Franziskus eingetreten, um den Rest ihrer Tage in Armut und im Gebet zu verbringen. Sie hat ein erfülltes Leben geführt, obwohl sie erst 24 war, als sie starb.

Der heilige *Ludwig IX.* von Frankreich hat wie die heilige Elisabeth im dreizehnten Jahrhundert gelebt, als das Mittelalter auf dem Höhepunkt angelangt war. Auch er war verheiratet, sogar lange genug, um zehn Kinder zu haben. Er gelobte, ein guter christlicher König zu sein, und war wegen seiner ehrlichen Amtsführung und seiner großherzigen Güte den Armen gegenüber bei seinem Volk beliebt. Sein Pflichtgefühl gegenüber Gott war der Anlaß, einen Kreuzzug zur Befreiung des Heiligen Landes aus der Hand der Moslems anzuführen. Sein langer und wechselvoller Lebensweg beweist, daß es sehr wohl möglich ist, trotz der Versuchungen von Macht und Ansehen ein heiliges Leben zu führen.

Der heilige *Franz von Sales* war zur Reformationszeit Bischof in der französischen Schweiz. Von den Protestanten aus Genf vertrieben, hat er einen großen Teil seiner Zeit der Seelenführung von Laien, besonders Frauen, gewidmet. Er hat sie beraten, wie sie ihre Beziehung zu Gott vertiefen könnten – trotz eines geschäftigen Lebens, wie sie es als Ehefrauen und Mütter mit gesellschaftlichen Verpflichtungen führten. Ohne Rücksicht auf die traditionelle Einstellung, daß nur diejenigen wahrhaft Christus nachfolgen können, die die Welt verlassen, hat er Briefe und Bücher geschrieben, in denen er Menschen ermutigte, in der Welt zu bleiben und dort als Christen fromm zu leben.

Obgleich der heilige *Philipp Neri* aus einer wohlhabenden italienischen Familie stammte, wollte er seinen Lebensunterhalt im Rom des 16. Jahrhunderts lieber selbst verdienen. Er hat als Laie eine Gruppe junger Männer um sich gesammelt, die Arme und Kranke betreut haben. Erst im Alter von 35 Jahren ist er zu der Überzeugung gelangt, es könnte besser sein, sich zum Priester weihen und seine Gemeinschaft als Orden bestätigen zu lassen. Die Oratorianer haben sich allerdings insofern von den anderen Orden ihrer Zeit unterschieden, als sie ein Gemeinschaftsleben führten, ohne die üblichen Ordensgelübde abzulegen, um so besser in der Welt wirken und an ihrer Verbesserung arbeiten zu können.

Als *John Henry Newman* im England des 19. Jahrhunderts zum Katholizismus konvertierte, war er angelikanischer Priester und als guter Prediger und sorgfältiger Wissenschaftler allseits geschätzt. Seine Studien auf dem Gebiet der alten Kirchengeschichte hatten ihn aber zu der Schlußfolgerung geführt, er müsse sich, um der Kirche der Apostel anzugehören, der Kirche anschließen, deren Oberhaupt der Papst ist. Er wollte katholischer Priester werden und gelangte zu der Überzeugung, das vom heiligen Philipp Neri gegründete Oratorium paßte gut zu seinem Gelehrtendasein. Viele Jahre hat er in relativer Zurückgezogenheit studiert und geschrieben, bis Papst Leo XIII. ihn zum Kardinal ernannte und die ganze katholische Welt auf sein Werk aufmerksam machte.

Viele Heilige, die wir zu den Humanisten rechnen müßten, sind in der Kirchenleitung tätig, oder – allgemeiner ausgedrückt – Bischöfe gewesen. Wenn sie auch Priester waren, war doch ihr Alltag mit den praktischen Leitungsaufgaben ihrer Diözesen ausgefüllt, wie es auch heute bei den Bischöfen der Fall ist. Sehr oft haben die Bischöfe, die später heiliggesprochen wurden, in der Kirche als große Erneuerer gewirkt, und ihr Geschick zur Kirchenleitung hat dazu geführt, daß man sie zu Päpsten wählte.

Gegen Ende des vierten Jahrhunderts, als die Barbaren in das Römerreich einzufallen begannen, war der heilige *Ambrosius* Bischof von Mailand. Es waren so viele staatliche Versorgungseinrichtungen untergegangen, daß die Bischöfe einsprangen und Waisenhäuser, Spitäler und Altersheime einzurichten begannen, um die soziale Not zu lindern. Ambrosius ist bei der Identifizierung mit seiner Gemeinde weitergegangen als die meisten Bischöfe, hat täglich mit den Armen gegessen und sich geweigert, in der Bischofskirche goldene Altargefäße zu benutzen, solange es noch Gefangene gab, die man durch den Verkauf des Goldes freikaufen könnte. Ambrosius ist auch für die Menschenrechte aufgestanden, als sie unter dem Vorwand der nationalen Sicherheitsinteressen von der römischen Regierung verletzt wurden.

Berühmt für seine Bemühungen um die Linderung menschlicher Not und um die Verteidigung der Kirche gegen staatliche Übergriffe war im zwölften Jahrhundert auch ein anderer Bischof in England, der heilige *Thomas Becket.* Obwohl er der handverlesene Kandidat des Königs für den erzbischöflichen Stuhl von Canterbury war, hat Thomas Becket seiner Treue zu Christus den Vorzug vor seiner Loyalität der Krone gegenüber gegeben und ist schließlich im eigenen Dom unter den Händen von Agenten der Staatsgewalt den Martertod gestorben – ganz so wie vor nicht allzu langer Zeit Erzbischof Oscar Romero in El Salvador.

Zwei der bedeutendsten Humanisten unter den Päpsten hießen beide Gregor. *Gregor I.* war ein gebildeter Laie, der auf seinen Besitz und auf eine politische Laufbahn verzichtet hatte, dann aber vom Volk zum Bischof von Rom gewählt wurde. Er hat die Kirche durch die

Wirren des ausgehenden sechsten Jahrhunderts geführt, Mittelitalien den Frieden gebracht, Missionare zur Bekehrung der Barbaren in Europa ausgesandt und eine Liturgiereform durchführen lassen. Der Kirchenmusikstil, den er bevorzugte, wurde als Gregorianischer Choral bekannt, und er hat so gut zur Liturgie gepaßt, daß er bis ins zwanzigste Jahrhundert hinein weit verbreitet war.

*Gregor VII.* war ein Mönch, der im elften Jahrhundert zum Papst gewählt wurde, in einer Zeit, in der viele Klöster und Bistümer dringend reformbedürftig waren. Als Mönch war ihm die Erneuerung der Klöster durch die Rückkehr zum Geist des heiligen Benedikt ein Anliegen. Als Papst hat er darauf geachtet, daß die Priester ihren Seelsorgspflichten nachkamen, daß die Bischöfe nicht zu Schachfiguren in der Hand der Könige verkamen, und daß die Kirche gut verwaltet wurde. Durch seine Perspektive und seine Führung ist das Papsttum in der Welt des Mittelalters zu einem bedeutenden Faktor geworden.

Die Tatsache, daß große humanistische Päpste leider nicht immer sehr heilig gewesen sind, ist kein Ruhmesblatt der Kirchengeschichte. Den Päpsten unmittelbar vor der protestantischen Reformation war mehr daran gelegen, die Pracht des Vatikans zu mehren, als die Kirche weise zu regieren. Ergebnis war weitverbreiteter Protest, der seither die Kirche spaltet. Es ist nicht leicht, „in der Welt, aber nicht von der Welt" zu sein, wie Jesus es seinen Jüngern geraten hat. Nur zu leicht verfällt man in weltliches Gebaren, auch wenn man im Dienst der Kirche steht.

In unseren Tagen hat die Kirche das Glück gehabt, Päpste zu besitzen, die sogar Nicht-Katholiken mit ihrer Menschlichkeit beeindruckt haben. Papst *Johannes XXIII.* ist von dem Podest gestiegen, auf das man die

Päpste jahrhundertelang gestellt hatte, und hat gezeigt, wie erdnah ein Heiliger sein kann. Er ist in Rom spazierengegangen, hat Häftlinge in Gefängnissen besucht und mit Journalisten gescherzt. Auf die Frage, warum er das Zweite Vatikanische Konzil einberufen habe, ist er an ein großes Fenster gegangen, hat es schwungvoll aufgerissen und erklärt: „Um etwas frische Luft hereinzulassen!" Seine letzte Enzyklika, „Pacem in Terris", hat er nicht nur an die Katholiken, sondern an alle Menschen guten Willens überall gerichtet, die Frieden auf Erden ersehnen.

Papst *Johannes Paul II.* ist, wie er selbst sagt, Humanist, hat Gedichte und Bühnenstücke geschrieben und personalistische Philosophie getrieben. Er spricht fließend ein halbes Dutzend Sprachen und ist durch die ganze Welt gereist, um das Papsttum für die Katholiken greifbarer zu machen. Er schreibt andauernd über die Nöte der Menschen in der Welt von heute und beruft sich dabei nicht nur auf die Lehre der Kirche, sondern auch auf das allen Kindern Gottes gemeinsame Menschsein. Er erwähnt häufig und mutig das Recht der Armen auf Befreiung aus politischer und wirtschaftlicher Unterdrückung.

Wenn auch nicht alle großen christlichen Humanistinnen und Humanisten heiliggesprochen worden sind, sind auch sie Heldengestalten der Kirche, da sie einen Heiligkeitstyp darstellen, der auf wohlhabende und gebildete Menschen anziehend wirken kann. Sie verbinden das Beste, was die Welt zu bieten hat, mit den Gaben, die Gott ihnen verliehen hat, und zeigen, wie segensreich es sein kann, Menschliches und Göttliches ganz zu integrieren.

## Exzentriker

Wie um uns zu beruhigen, daß man auch heilig werden kann, wenn man nicht ganz so ausgeglichen ist wie die Humanisten, hat die Kirche schon immer einer Reihe von Christen trotz ihrer Verschrobenheit Heiligkeit zuerkannt. Damals mögen die Leute sie für Spinner gehalten haben, aber im Rückblick – oft erst nach ihrem Tod – haben sie erkannt, daß diese Heiligen in Gott vernarrt gewesen sind. Weil ihr Herz ganz dem Herrn gehörte, war es diesen Exzentrikern gleichgültig, was die Leute von ihnen dachten. Sie haben nur für Gott gelebt, und zwar so, wie Gott es ihnen als für sie richtig gezeigt hatte, auch wenn sonst niemand so leben wollte.

Normalerweise halten wir *Johannes den Täufer* nicht für einen Exzentriker, obgleich er das zweifellos gewesen ist. Das Neue Testament berichtet uns, er habe in Fell gekleidet in der Wüste gehaust und von Insekten und wildem Honig gelebt. Er hat den Menschen ins Gesicht gesagt, daß sie Sünder sind und Buße tun sollen, und um das Maß vollzumachen, hat er die, die ihm glaubten, auch noch in den Jordan getunkt. Als die Spitzen der damaligen Geistlichkeit ihn aufsuchten, um zu sehen, was er trieb, hat er sie als Schlangenbrut und Heuchler tituliert. Wäre Johannes heute am Leben, wäre er kaum der Heilige, den man in den meisten Pfarreien mit offenen Armen aufnehmen würde.

Der heilige *Benedikt-Joseph Labre* war zwar in seinem Auftreten etwas freundlicher als Johannes, aber er war ebenso dreckig und roch auch so schlecht. Er war im Frankreich des 18. Jahrhunderts so etwas wie ein christlicher Penner und pflegte auf freiem Feld oder, wenn es regnete, unter Brücken zu schlafen. Die meisten Leute wechselten die Straßenseite, wenn sie ihn kommen sahen, weil sie fürchteten, er könnte sie anbetteln. Wer ihn aber an sich heranließ, hat den tiefen Frieden in seinem Blick gesehen und die starke heilende Kraft seiner Hände gespürt.

Der heilige *Joseph von Copertino* war ein Franziskaner, dessen Ruhm auf die seltsame Gewohnheit zurückging, sich beim Gebet in die Lüfte zu erheben. Wenn man in Italien das Kloster besucht, in dem er im 17. Jahrhundert gelebt hat, zeigt einem der Fremdenführer sogar heute noch ein paar Stellen an der Decke, wo Joseph im geistlichen Höhenflug den Putz abgestoßen haben soll! Anscheinend ist er aber immer sicher gelandet, weshalb man ihn auch zum Schutzpatron der Flieger ernannt hat.

Der heilige *Symeon Stylites* wollte die Welt verlassen und Gott näher sein, weshalb er seinen Platz auf der Spitze einer Marmorsäule bezog und Tag und Nacht dort ausgehalten hat. Das war nicht gerade die gesündeste Lebensweise, und vielleicht war er sogar ein wenig fanatisch. Aber seine einsame Gestalt hoch auf einem Pfeiler ist im fünften Jahrhundert zum Symbol der völligen Hingabe an Gott geworden, und die Menschen der Umgebung kamen meilenweit mit der Bitte um sein Gebet, wenn sie ihm die Gaben hinaufschickten, von denen er lebte.

Bruder *Juniper*, einer der ersten Franziskaner, hatte ein kindliches Gemüt, und wenn er auch nie offiziell heiliggesprochen worden ist, hat man doch schon zu Lebzeiten in ihm einen Heiligen gesehen. Er war zu allerlei Unfug aufgelegt, wippte gerne mit Kindern auf ihren Schaukeln und rannte fröhlich durch die Stadt, gar nicht so, wie sich ein erwachsener Ordensbruder benehmen muß. Es heißt, er sei ein enger Freund des heiligen Franz gewesen, doch man muß sich fragen, ob man heute jemanden, der sich so aufführt, nicht für zu exzentrisch hielte, um einem Orden anzugehören.

Weil die Exentriker sich so außerhalb des Normalen bewegen, verdeutlichen sie so lebhaft, was mit Heiligkeit gemeint ist. Im Gegensatz zu den Humanisten kann man ihre Heiligkeit nicht mit persönlicher Leistung verwechseln. Persönlich haben sie nichts Großes vollbracht, aber sie waren damit einverstanden, daß an ihnen etwas Großes vollbracht würde. Sie haben ihr Leben dem Wirken des Geistes überlassen und so am lebendigen Objekt gezeigt, daß geistliche Größe nicht mit rein menschlichen Maßstäben gemessen wird. Wie die Asketen, von denen schon die Rede war, sind die Exzentriker dem Herrn gefolgt, wohin er sie auch führte – und er hat sie zum ganzen Glück geführt!

## Vorbilder

Einige Heilige ragen vor aller Welt heraus. Selbst Menschen, die nicht katholisch, vielleicht nicht einmal Christen sind, erblicken in ihrem Leben eine geistliche Größe, die so tief wie weit ist. Sie sehen eine Hingabe und Überzeugung, eine Reinheit und Treue, eine Liebe und Offenheit, die nach menschlichem Ermessen selten sind. Sie verkörpern ein Feuer, das nicht nur die katholische Geschichte, sondern die ganze Menschheitsgeschichte mit dem Beispiel dessen erleuchtet, was ein einziger Mensch tun kann, um das Leben anderer zu berühren und zum Guten zu verändern.

Zu unseren Lebzeiten sind Papst *Johannes XXIII.* und *Thomas Merton* solche Helden gewesen. Johannes hat die Katholiken durch seine Ehrlichkeit und seinen Humor dazu befähigt, sich die eigene Kirche einmal wirklich vorzuknöpfen, über ihre mittelalterlichen Mätzchen zu lachen und an ihre Erneuerung zu gehen. Durch seine Bereitschaft, auch auf Andersgläubige zuzugehen, hat er die Suche nach religiöser Einheit und gegenseitigem Verständnis neu angeregt, die noch immer im Gang ist. Merton war persönlich kompromißloser, aber gerade seine Zielstrebigkeit hat Menschen angesprochen, die kaum etwas vom Mönchtum wußten, und seine entschiedene Kriegsgegnerschaft hat viele für die Sache des Friedens gewonnen.

Heilige wie *Petrus* und *Paulus* werden auch in Konfessionen als solche anerkannt, die keinen Heiligsprechungsprozeß kennen. Petrus, der Fischer, und Paulus, der Zeltmacher, sind lebendige Beispiele dafür, was es heißt, ganz von Christus berührt und verwandelt zu werden.

Petrus hat mehr versprochen, als er halten konnte; er hat großspurig die eigene Treue zu Jesus beteuert, aber er wußte nicht, was das von ihm verlangen würde. Im Augenblick der Krise ist er unter dem Druck zusammengebrochen. Doch er hat nicht aufgegeben. Er hat sich erneut Jesus zugewandt, um Vergebung gebeten und von Gott die Kraft bekommen, anderen Umkehr und Vergebung zu predigen, die Kraft, die er von sich aus nicht hatte.

Paulus hat so für Gottes Gesetz geeifert, daß er sogar die Jünger Jesu verfolgt hat, die seiner Meinung nach vom Gesetz abgefallen waren. Und doch war er offen für ein ganz neues Verständnis von dem, was Gott von ihm wollte, und im blendenden Licht einer Vision erkannte er, daß er genau den Herrn verfolgte, dem er Gehorsam gelobt hatte. In diesem Augenblick hat er gelernt, einem höheren Gesetz zu gehorchen, und er hat den Rest seines Lebens darauf verwandt, andere für die Gemeinschaft der Liebe zu gewinnen, die Jesus ihm gezeigt hatte.

*Maria*, die Mutter Jesu, ist so sehr ein Vorbild an Heiligkeit, daß wir oft nicht einmal daran denken, auch in ihr eine Heilige zu sehen. Wir ehren sie mit Namen wie Allerseligste Jungfrau oder Muttergottes und vergessen, daß sie in England Saint Mary und in romanischen Ländern Santa Maria heißt. Lukas schildert in seinem Evangelium Maria als die Erste unter den Jüngern, als diejenige, die von Anfang an verstanden hat, was es heißt, auf Gottes Ruf mit restloser Hingabe zu antworten. „Mir geschehe nach deinem Wort" (Lk 1,38), Marias Antwort auf die Botschaft, daß sie die Mutter des Messias werden sollte, ist das Kennzeichen für die vorbehaltlose Antwort an Gott, zu der wir alle aufgerufen sind. Ihre Anwesenheit unter dem Kreuz Jesu ist Vorbild für die Bereitschaft, die wir alle nötig haben: in Geduld zu leiden und über menschliches Hoffen hinaus auf die Verheißung des Gottesreiches zu vertrauen.

Wenn diese kurze Aufzählung exemplarischer Heiliger auch nicht erschöpfender ist als die vorausgegangenen, wäre sie nicht vollständig, ohne den heiligen *Franz von Assisi* zu erwähnen. Über den heiligen Franz ist mehr geschrieben worden als über jeden anderen Heiligen in der Menschheitsgeschichte. Das liegt vielleicht daran, daß er unter so viele der Kategorien fällt, die wir vorgeführt haben, daß es unmöglich ist, ihn einzuordnen, es sei denn, daß man ihn ein Vorbild christlicher Heiligkeit nennt.

Vom Augenblick seiner Bekehrung vom reichen Jüngling zum Jünger Christi an hat Franziskus ein Asketenleben geführt. Er ist im Alter von vierundvierzig Jahren gestorben, und auf seinem Leib waren die Spuren jahrelanger Strapazen eingraviert. Man kann nicht leugnen, daß er exzentrisch gewesen ist, angefangen mit dem Tag, an dem er sich in der Öffentlichkeit auf dem Marktplatz all seiner Kleider entledigt hat, um den Verlockungen der Welt zu entsagen, bis hin zu den Monaten, die er darauf verwandt hat, eine verfallene Kapelle bei Assisi wieder aufzubauen, und bis zu den Gelegenheiten, wo man ihn den Vögeln und anderen Tieren hat predigen hören. Aber gerade der Un-Sinn der Lebensweise, für die er sich entschieden hat, hat sie für andere attraktiv gemacht, und trotz seiner selbst ist er zum Gründer nicht nur eines Ordens, sondern dreier Orden geworden, die seinen Namen tragen.

Es hat im ganzen christlichen Mittelalter keinen glücklicheren Mann gegeben, und doch hat er behauptet, er lebe einzig und allein das Evangelium. Dieses schlichte Glaubensbekenntnis, das er von ganzem Herzen gelebt hat, reiht ihn unter die großen Bekenner der Kirche ein. Er hat das Martyrium riskiert, indem er während der Kreuzzüge unbewaffnet moslemisches Territorium betrat, aber Saladin hat die Heiligkeit dieses verrückten Christen erkannt. Nichtsdestoweniger hat er während seines stundenlangen mystischen Betens andauernd das Leiden Christi meditiert und sich so innig mit seinem verwundeten Herrn vereint, daß sein Leib gegen Ende seines Lebens mit den Kreuzesmalen Jesu gezeichnet wurde.

Franziskus würde sich nie als Denker ausgegeben haben, doch sein Denken, schlicht und einfach wie es war, hat im Leben der Menschen mehr bewirkt als die Schriften der gebildeten Kirchenlehrer. Und seine Menschlichkeit, unkompliziert und unmittelbar wie sie war, hat beredter zu Millionen gesprochen als die monumentalen Werke der großen Humanisten der Christenheit.

Franziskus im Mittelalter, Maria und die Apostelfürsten am Anfang und alle, die wir vielleicht zu modernen Vorbildern an Heiligkeit ernennen möchten, sind Modelle, wie wir sie alle brauchen, um inspiriert zu werden zur Heiligkeit. Sie sind der lebendige Beweis für die lebendige Wahrheit der guten Nachricht, die wir

Evangelium nennen. Sie zeigen uns, was wir alle sein können, und wozu wir als Jünger Jesu alle berufen sind.

## Katholizismus und der Ansporn zur Heiligkeit

Wann und wo sie auch gelebt haben, die Heiligen waren immer frei. Sie hatten die Freiheit zu lieben, denn weil sie Gott von ganzem Herzen liebten, hat ihre Liebe die ganze Schöpfung Gottes umfaßt, und weil sie ihr Herz der Liebe Gottes überließen, hat ihre Liebe auch allen Menschen gegolten, die Gott liebt. Sie hatten die Freiheit zu leben, denn weil sie einzig für Gott lebten, waren sie von weniger wichtigen Sorgen befreit, und weil sie Gott in sich leben ließen, wurden sie all das, was Gott in ihnen angelegt hatte. Sie waren frei, arm zu sein, denn weil sie sich Gott öffneten, wußten sie, daß nichts anderes sie befriedigen könnte, und weil sie Gott als ihren kostbarsten Schatz annahmen, besaßen sie alle Reichtümer, die sie sich wünschen konnten.

Zugleich hat solch eine Freiheit ihren Preis. Gnade ist keine Billigware. Wäre sie es, wären wir alle heilig, und die Heiligen wären nicht die Heldengestalten, die sie sind. Die Heiligen haben die kostbare Perle gefunden, von der im Evangelium die Rede ist, und sie verkauften alles, was sie hatten, um nur sie zu besitzen. In unseren kurzen Lebensskizzen mußten wir viele Einzelheiten aus dem Leben der Heiligen übergehen. Wenn wir ausführliche Lebensbilder lesen, sehen wir, daß die Heiligen nur in jahrelangem Kampf zu freien, liebenden, glücklichen und erfüllten Menschen geworden sind.

Ihr Leben fordert uns alle heraus, uns auch auf diesen Kampf einzulassen. Es ist zuallererst ein innerer Kampf.

Jeder und jede von uns hat ein Ego, das im Mittelpunkt stehen will, das nach der Erfüllung seiner Wünsche verlangt, das seines eigenen Glückes Schmied sein will. Der Kampf mit solchen Versuchungen wird von den Dämonen symbolisiert, die den heiligen Antonius in der Wüste quälen. Etwas in uns will seinen Egoismus nicht aufgeben, doch nur wenn wir selbstlos werden, werden wir von den Forderungen des Ego befreit.

Etwas an uns will das Steuer nicht aus der Hand geben, doch nur wenn wir uns Gott überlassen, werden wir in die Richtung unseres höchsten Glückes gelenkt – zur Freiheit, von ganzem Herzen und ohne Einschränkung lieben zu können.

Zweitens gilt der Kampf der Welt, die uns umgibt. Die Welt ist voll von guten Dingen, aber oftmals ist das Gute der Feind des Besten. Die Heiligen standen oft einer Familie und Freunden gegenüber, die ihnen sagten, sie sollten sich damit begnügen, einfach gut zu sein, einfach den Geboten zu gehorchen, einfach zur Kirche zu gehen und ein anständiges Leben zu führen, einfach ihr Brot zu verdienen und es wie alle anderen zu machen. Sie mußten mit der Versuchung kämpfen, einfach gut zu sein anstatt sich nach Heiligkeit auszustrecken. Die Heiligen mußten auch mit politischen und gesellschaftlichen Kräften streiten, die sie dazu bringen wollten, sich anzupassen an das, was salonfähig ist. Angesichts dieser Widerstände haben sie das Risiko auf sich genommen, um ihres Glaubens willen ausgestoßen zu sein und manchmal sogar Märtyrer zu werden. Ironischerweise hatten viele Heilige mit der Amtskirche zu kämpfen, deren Vertreter echte Heiligkeit nicht immer geschätzt haben. Den Heiligen gereicht es zur Ehre, daß sie sich eher Gottes Forderungen unterwarfen als den Druckmitteln der Kirche, und der Kirche gereicht es zur Ehre, daß sie letztlich doch die evangeliumsgemäße Glaubwürdigkeit ihres Leben anerkannt hat.

Um zu dem Punkt zurückzukehren, von dem wir im ersten Kapitel ausgegangen sind: Die großartige Tradition des katholischen Glaubens ist letztlich eine Tradition gelebter Heiligkeit. Gewiß ist sie die Tradition eines Volkes und einer Kirche, aber diese Tradition gleicht einem Meer der Heiligkeit, dessen Flut in Wogen geistlicher Erneuerung anschwillt. Auf den Wellenbergen stehen die Heiligen, die höher emporgehoben worden sind als die meisten und mit ihrer Anziehungskraft die übrigen zu größerer Selbstüberschreitung motivieren. Die Heiligen stehen auf dem Boden der Tradition, die sie trägt, und gehen uns voran beim Aufstieg in die unendliche Leere, die, wie die Mystiker sagen, ganz von Gott erfüllt ist.

Dem Katholizismus im besten Sinne geht es darum, daß die Menschen Heilige nicht nur bewundern, sondern selbst Heilige werden. Diese Tradition bietet ihre Heiligen als Heldengestalten an, denn der katholische Glaube ist keine Schulweisheit, sondern eine Lebensform, eine Weise, ganz und frei und liebevoll zu leben, wie die Heiligen es getan haben.

Sich dieser Tradition anzuschließen, heißt, eine Reise anzutreten, auf Weisheitssuche zu gehen, um so zu leben, wie es Gott für uns alle will. An dieser Tradition teilzuhaben, heißt, den Spuren Abrahams, Saras, Moses und Mirjams, Judits und der Propheten des Alten Testaments, Marias und der Jünger des Neuen Testaments und den Heerscharen von Heiligen zu folgen, die die jüdisch-christliche Tradition mit ihrem Leben weitergetragen haben. Sich zu dieser Tradition zu bekennen, heißt, ihren Weg zu dem unseren und ihr Streben nach Heiligkeit zu unserem eigenen zu machen.

Man ist letztlich katholisch, um heilig zu werden. Die Heiligen, die uns vorausgegangen sind, zeigen uns den Weg. Sie zeigen, daß man es schaffen kann und wie man es schaffen kann. Ihre Lebensbilder dienen nicht sklavischer Nachahmung, sondern als Inspiration für die Zukunft. Sie bieten uns Muster, nach denen wir das eigene Leben auf dem Weg zur Heiligkeit entwerfen können. Doch wie sich alle Heiligen voneinander unterscheiden, kann auch jede und jeder von uns damit rechnen, anders zu sein als alle anderen.

Die Kirche gewinnt nichts, wenn sie in der Vergangenheit lebt. Wenn die Heiligen nur noch zu Namen für Pfarreien werden oder zu Namen, die wir unseren Kindern geben, wird die katholische Tradition zu einer Sache der Vergangenheit. Einige der größten Heiligen hatten Namen, die vor ihnen noch kein Heiliger getragen hat. Einige der heiligsten Katholiken haben Dinge getan, gesagt und geschrieben wie noch kein Jude oder Christ zuvor. Die Heiligen, die heute leben, setzen diese große Tradition schöpferischer Heiligkeit fort.

Wenn die Weisheit des katholischen Glaubens in seinen Heiligen abgebildet ist, dann ist der katholische Glaube eine Herausforderung für jeden und jede von uns, auf unsere eigene originelle Weise so zu werden wie sie. Wir müssen als einzelne und alle zusammen Phantasie entwickeln, wie sich das Evangelium authentisch leben läßt, und dann müssen wir uns rückhaltlos dafür einsetzen, diese Vision in die Tat umzusetzen.

Das Evangelium war für die Heiligen und die Welt, in der sie lebten, eine gute Nachricht. Wenn das Evangelium auch für uns und unsere Welt zur guten Nachricht werden soll, müssen wir es so radikal leben, wie es die Heiligen getan haben.

*Richard Rohr entfesselt die Bibel:*
*eine mitreißend neue Entdeckung des alten Buches*

3. Auflage, 192 Seiten,
Paperback ISBN 3-451-21870-4

2. Auflage, 240 Seiten,
Paperback ISBN 3-451-22043-1

»Wieder einmal versteht es der amerikanische Franziskanerpater Richard Rohr, seine Leser zu packen und zum Nachdenken über den eigenen Glauben anzuregen. Es ist schon erstaunlich, wie überzeugend und mitreißend der Autor die Aktualität und Lebenskraft der biblischen Aussagen vermittelt« (*das neue buch*).

»Diese Bücher eignen sich besonders für jüngere Leser bzw. für ›Einsteiger‹ in die Bibel, da sie keinerlei Voraussetzungen machen – außer einer: ein offenes Ohr und Herz zu haben für die großartige Liebesgeschichte Gottes mit den Menschen« (*Lebendiges Zeugnis*).

Verlag Herder Freiburg · Basel · Wien

*Zeitgemäße Zugänge zur Welt der Bibel*

Alfons Deissler
*Was wird am Ende der Tage geschehen?*
Biblische Visionen der Zukunft
112 Seiten, Paperback, ISBN 3-451-22190-X

Zukunftsvisionen und Apokalypsen haben in unserer
krisengeschüttelten Zeit Konjunktur. Orientierung tut
not. Was das Alte Testament über die Zukunft der Welt
und des Menschen sagt, wird hier fundiert, umfassend
und verständlich dargestellt.

Peter Trummer
*Die blutende Frau*
Wunderheilung im Neuen Testament
184 Seiten, gebunden, ISBN 3-451-22326-0

Eine neutestamentliche Erzählung, die für den be-
freienden Umgang Jesu mit den Frauen exemplarisch
ist, wird hier ungewöhnlich lebendig erschlossen: Jesus
erscheint als einfühlsamer, machtvoller Therapeut des
ganzen Menschen, der Frauen und der Männer.

Carlo M. Martini
*Wer in der Prüfung bei mir bleibt*
Von Ijob zu Jesus
160 Seiten, gebunden, ISBN 3-451-22339-2

Was bleibt von der Liebe Gottes, wenn »Hiobs-Bot-
schaften« die Erfüllung des Lebens zu verhindern scheinen? Ein Meister der geistlichen Schriftauslegung
erschließt ein Stück Weltliteratur: Leid will nicht nur
erlitten, sondern gelebt werden.

Verlag Herder Freiburg · Basel · Wien